中国少数民族语言学习丛

⊙ 主编　范俊军

SUNGPGEML JUSBEGS JUIV

侗语900句

◎ 彭　婧　编著

世界图书出版公司
广州・上海・西安・北京

图书在版编目（CIP）数据

侗语900句 / 彭婧编著．—广州：世界图书出版广东有限公司，2023.4
（中国少数民族语言学习丛书 / 范俊军主编）
ISBN 978-7-5232-0272-2

Ⅰ．①侗…　Ⅱ．①彭…　Ⅲ．①侗语—口语　Ⅳ．①H272.94

中国国家版本馆CIP数据核字（2023）第046692号

书　　名	侗语900句 DONGYU 900 JU
主　　编	范俊军
编 著 者	彭　婧
责任编辑	魏志华
责任技编	刘上锦
出版发行	世界图书出版有限公司　世界图书出版广东有限公司
地　　址	广州市海珠区新港西路大江冲25号
邮　　编	510300
电　　话	020-84184026　84453623
网　　址	http://www.gdst.com.cn
邮　　箱	wpc_gdst@163.com
经　　销	新华书店
印　　刷	佛山市浩文彩色印刷有限公司
开　　本	880 mm × 1 230 mm　1/32
印　　张	7.625
字　　数	287千字
版　　次	2023年4月第1版　　2023年4月第1次印刷
国际书号	ISBN 978-7-5232-0272-2
定　　价	42.00元

咨询、投稿：020-34201910　weilai21@126.com

中国少数民族语言学习丛书

编委会

总　序

大千世界，万物有声。啸啸虎吼，呦呦鹿鸣，唧唧鸟语，嗡嗡蜂鸣。人类的言谈语音，更是大自然赋予的特殊秉性。有了语言，人们的思维变得活跃和精深，认知有了依托和积淀，行为变得开阔和睿智。通过言语交流，人们相互理解和通融，形成依存协同的群体社会关系。有了语言而发明文字，人类创造了各种文明，几千年传承和发展，延续至今。所以说，语言对于人类社会，就像阳光和空气，是传统和财富，是生活和生命。

中国是统一的多民族社会主义国家，各民族团结和谐、平等互助，继承、发展、融汇和创新了丰富多彩的语言文化。俗话说，到什么山上唱什么歌，在什么地方说什么话。又说，有什么马就配什么鞍，有什么词就配什么歌。还说，什么藤结什么瓜，什么话吟什么调。这些俗语，风趣而形象地表达了语言文化的缤纷多样。

泱泱中华，历史悠长。从东部海岛到西部高原，从漠北草原到南海红林，中华大地56个民族，使用130多种语言，说着500多种方言土话，呈现万家姓、千乡话、百方口音的神奇景象。各民族历史上相互学习，发明创造了30多种文字，有表意文字、意音文字、音节文字；有历史文字、传统文字、类汉字文字、新创文字；有傣泐文、傣绷文、彝文、藏文、东巴文、沙巴文、回鹘文、喃字、古壮字、水书、女书……这些体系多样的文字，积淀了厚重的文化底蕴，焕发出当代的信息活力。科学保护和传承丰富多彩的中华语言文字，是历史的必然，现实的关切。

几十年改革开放，中国的经济生产活动，社群人际交流，交通通讯网络，物资信息流动，语言文化生活，发生了全面革新和变化，各地区依存关系更为紧密。语言相通才能信息互通、思想沟通，实现团结互助和共同发展。因此，打造实用的语言产品，提供多样的语言服务，是当今社会经济和文化生活发展的现实需求。基于这个认识，六年前我们提出了编写《中国少数民族语言学习丛书》的构想。正是为各族人民语言服务这个初心，激励了暨南大学一批已毕业和在读的博士生、硕士生和本科生的坚持与执着，感召了学界教师和媒界朋友的热情参与和支持。

疫情过后的南国花城，天蓝气爽，活力、开放、和谐、繁荣的景象已经复现。正适阳春三月，本丛书终将付梓。这套丛书是一个窗口，期望人们欣赏和探究丰富多彩的中国语言文化。这套丛书是一种情怀，期望各族人民在一起工作生活中互相学习语言，通过美妙的语音世界达到心心相印。这套丛书也是一个实践，期望给语言专家和语文工作者一些启示，激发出更广泛的热忱，为国家和人民的生活，创作更多的语言文化产品，创新更好的服务。

范俊军

2023年3月2日于广州暨南园

前　言

侗族是一个有着悠久历史文化传统的民族，历史上有“黔首”“峒民”“僚人”等名称，属我国古代的百越族群。侗族现在主要分布在贵州省黔东南苗族侗族自治州、铜仁市，湖南省新晃、会同、通道、芷江、靖州等县，广西壮族自治区三江、龙胜、融水等县，以及湖北省宣恩、恩施一带。黔东南苗族侗族自治州是最大的侗族聚居地，以黎平县最为集中，全国侗族总人口为349万（2021年）。

侗族人民在漫长的历史生产生活过程中创造和发展了独具特色的文化。侗族鼓楼、侗族风雨桥、侗族大歌、侗族银饰服装等传统文化瑰宝，众人皆知。侗族还有自己的传统语言，以贵州省锦屏县南部地区的侗、苗、汉民族杂居地带为界，分成南、北两大方言。侗语南部方言主要通行于贵州省黔东南苗族侗族自治州黎平县、榕江县、从江县，湖南省怀化市通道侗族自治县，广西壮族自治区桂林市龙胜各族自治县、三江侗族自治县、融水苗族自治县。北部方言主要通行于贵州省黔东南苗族侗族自治州天柱县、三穗县、剑河县、锦屏县、镇远县，以及铜仁市玉屏侗族自治县，湖南省怀化市新晃侗族自治县、靖州苗族侗族自治县。北部方言区历史上较早与外界密切交往，开放程度较高，较多借鉴和吸收了汉语成分，使用和传播面较广；而南部方言则相对保留了较多传统面貌。侗族历史上没有文字，中华人民共和国成立以后，政府为了帮助侗族群众学习知识和发展侗族地区文化教育，为侗族创制了拉丁字母拼音文字。

本书主要选编简单实用的侗语北部方言语句，按不同交际功能主题分类，内容涵盖问候、出行、农事、就医、天气、住宿、通信、旅游、文化习俗等等侗族日常生活的主要方面。每个句子采用侗文—普通话—粤语对照，并配有三语录音，这样既便于不懂侗语或侗文的读者学习侗语和拼音侗文，也便于侗族群众学习和提高普通话水平，同时还便于在珠三角务工的侗族人初步学会一些粤语，有助于融入大湾区生活。

在本书编写过程中，贵州民族大学龙耀宏教授、北侗歌王汤昌奎先生、侗语北部方言歌会非遗传承人龙姣梅女士以及剑河县作家协会杨泽柱先生，给予了大力支持和热情指导；暨南大学王雅茜、龚琬茵同学做了粤语译校，在此表示衷心感谢。限于编者的学识能力，书中可能存在错漏和不足，恳请广大读者批评指正。

编　者

2023年2月21日于凯里

目　录

MUC LUC

一、问候
XAIS LAIL

学句子 Hop xeiv sungp

01 Nyac semp!

你早啊！

早晨！

02 Nyac bail oup?

你去哪？

你去边呀？

03 Nyac touk oup map?

你到哪里去？

你去边啊？

04 Nyac nyaoh oup?

你在哪？

你喺边度啊？

05 Bail xangc gueec?

去赶场不？

去唔去趁圩？

06 Bail yanc gueec?

回家不？

翻唔翻屋企？

07 Nyac xonv map nak?

您回来了？

你返嚟喇？

08 Jil oux meex yangc?

吃饭了没？

食咗饭未啊？

09 Jil kenp/haip meex yangc!

吃了/还没吃呢！

食咗/仲未食啊！

10 Nyac nyaoh aih weex mangc?

你在这里做什么？

你喺度做咩啊？

11 Yeenp jangl gueec dungs kenp.

好久不见。

好耐冇见。

12 Nyac jil yeenl gueec?

你抽烟吗？

你食烟嘛？

13 Weik laos yanc map suiv.

快进家里来坐啊。

快的入屋嚟坐吖。

14 Map sav il yant bail.

来休息一会再走。

嚟唞阵先走。

15 Yangh jangl nyaoh weex mangc?

最近在做什么？

呢排喺度做紧咩啊？

16 Yip naih jens ongl gueec?

近来忙吗？

呢排忙唔忙啊？

17 Ongs lail gueec?

爷爷身体好吗？

阿爷身体好嘛？

18 Nyac guanl mangc?

你叫什么名字？

你叫咩名？

19 Yaoc guanl xiv Mic Wap.

我的名字是梅花。

我个名系梅花。

20 **Nyac xiv oup lis enc?**

你是哪里人？

你系边度人？

21 **Nyinc naih yeenp leic?**

今年多大了？

今年几大喇？

22 **Nyac lis ongk gueec?**

你有空吗？

你得唔得闲啊？

23 **Nyac yuv bail weex mangc?**

你要去干什么？

你要去做咩啊？

24 **Weex kenp meex yangc?**

做完了没有？

做完未啊？

25 **Danl os nyac.**

耽搁你了。

阻住你喇。

26 **Ait nyac!**

谢谢你！

多谢你！

27 Doiv gueec xuh.

对不起。

对唔住。

28 Nyac wanp qamt, lis ongk yuh map.

你慢走，有空再来哦。

你慢行，得闲再嚟过。

29 Xonv bail, beex sunx kenp.

回去吧，别送了。

翻去啦，唔好送喇。

30 Touk xuh dic lenp dieenl fal.

到了就打个电话。

到咗就打个电话。

学单词 Wox meel siih

侗语	普通话	粤语
semp	早	早晨
nyac	你	你
yaoc	我	我
maoh	他（她）	佢（佢）
map	来	嚟
bail	去	去

续表

侗语	普通话	粤语
jamt	走	行
xiv	是	系
yeeuc	玩	玩
yanc	家	屋企
jil oux	吃饭	食饭
jil yeenl	抽烟	食烟
jil nemx	喝水	饮水
sav	休息	唞，休息
guanl	名字	名
ait	感谢	多谢
ongk	空闲	得闲
gueec xiv	不是	唔系
dungs	遇见	撞到
bangl	帮忙	帮手

打招呼小知识 Dungs xeiv sungp

侗族人在路上碰到陌生人打招呼，一般会说nyac semp!（你早啊！/你来得早啊！）nyac bail oup?（你去哪?）、jil oux meex yangc?（吃饭了吗?），或者用点头或微笑表示打招呼。

但现在也有说nyac lail!（你好！）。

二、问路
XAIS KENP

学句子 Hop xeiv sungp

01 **Nenl dih wangp naih kaik xiv mangc?**

这个地方叫什么？

呢个地方叫咩啊？

02 **Nyac yuv bail oup?**

你要去哪里？

你要去边啊？

03 **Xangc hank xiv gueec xiv xaop aih?**

石洞是不是你们这里？

石洞系唔系你哋呢度？

04 **Bail geml xah xiv qamt juc kenp noup?**

去谢寨是走哪条路？

去谢寨系行边条路？

05 **Yaoc yeex gueec wox lis.**

我也不知道。

我都唔知。

06 Yaoc yuv bail cuns zangx yanc, yongc qamt?

我要去村长家，怎么走？

我要去村长屋企，点行啊？

07 Lis nuv dax xonv xongc yanc meix gueec, gav xuh xiv !

看见前面那栋木房子没，那里就是！

睇冇睇到前面嗰栋木屋，嗰度就系！

08 Nyac daiv yaoc bail hah, lail gueec?

你带我去下，可以吗？

你带一下我去，得唔得？

09 Oup meec maoc sip gueec?

哪里有厕所？

边度有厕所？

10 Dos aih dah bail xuh xiv kenp.

从这过去就是了。

由呢度过去就系喇。

11 Bail oc yop xiv dos aih qamt gueec?

去学校是从这里走吗？

去学校系唔系由呢度行啊？

12 Jaol youc juc nyaoh mangv noup?

教育局在哪边？

教育局喺边一边便啊？

13 Kaix Lix nanc zanl lih aih gail gueec?

凯里南站离这远吗？

凯里南站离呢度远唔远啊？

14 Gueec gail, qamt il hah xuh touk lax.

不远，走路一会就到了。

唔远，行路行一阵就到喇。

15 Yuv qamt yeenp jangl?

要走多久？

要行几耐啊？

16 Meec il gail, suiv xap bail.

有点远，坐车去吧。

有啲远，搭车去啦。

17 Aih yaoc yeex gueec xot yeenp.

我也不是很熟。

我都唔系好熟。

18 Yaoc yeex gueec wox, nyac bail xais as bul nuv nuv!

我不太清楚，你问问别人吧！

我唔多清楚，你问下人哋啦！

19 Doiv lis, xuh xiv juc kenp naih.

对的，就是这条路。

啱嘅，就系呢条路。

20 Xaop qamt jaoh kenp nap!

你们走错路了!

你哋行错路喇!

21 Dos aih dah lis bail gueec?

从这能过去吗?

由呢度过唔过得去啊?

22 Juc kenp naih xiv bail oup liis?

这条路是去哪里的?

呢条路系去边㗎?

23 Jaol haok xiv qamt kenp.

我们都是走路。

我哋都系行路。

24 Juc kenp naih dongp gueec?

这条路通吗?

呢条路通唔通㗎?

25 Eip xap touk lis daos gueec?

开车可以到那里吗?

揸车可唔可以到嗰便啊?

26 Juc kenp noup lail qamt?

哪条路好走?

边条路好行?

27 Juc kenp noup pieik il?

哪条路更近?

边条路近啲?

28 Qamt mangv xees juc nyac.

走右边那条。

行右边嗰条。

29 Doiv nas xiv gueec xiv oc yop?

对面是不是学校?

对面系唔系学校?

30 Doiv nas xuh xiv.

对面就是。

对面就系。

学单词 Wox meel siih

侗语	普通话	粤语
kenp	路	路
gail	远	远
pieik	近	近
xees	左	左
wap	右	右
xais	问	问

续表

侗语	普通话	粤语
baov	告诉	话
wox	知道	知道
nuv	看见	睇到
xot	熟悉	熟
dih wangp	地方	地方
xaih	村（寨）	村（寨）
oc yop	学校	学校
cees zanl	车站	车站
zengl fux	政府	政府
maoc sip	厕所	厕所
oc aih	这里	呢度
oc gav	那里	嗰度
jamt genp	走路	行路
dil tuc	地图	地图

三、坐车
SUIV XAP

学句子 Hop xeiv sungp

01 Xais nyac hah cees zanl nyaoh oup?

请问车站在哪里?

请问车站喺边啊?

02 Yaoc yuv bail Kaix Lix, bail oup suiv xap?

我要去凯里，去哪坐车?

我要去凯里，去边度搭车?

03 Nyac nyaoh bieenl kenp lanc xap xuh kox yix kenp.

你在路边拦车就可以了。

你喺路边拦车就得喇。

04 Mac fanc sungx yaoc touk gaos tieec zanl.

麻烦送我到高铁站。

唔该送我到高铁站。

05 Eip lis weik il gueec, yaoc ans sic jeens.

能开快点吗，我赶时间。

可唔可以揸快啲啊，我赶时间。

06 Juc kenp naih haok eiv dux xap.

这条路经常堵车。

呢条路成日塞车。

07 Xeenh naih haip meec gueec meec bail Lic pingc lis xap?

现在还有没有去黎平的车?

而家仲有冇去黎平嘅车啊?

08 Il wenl meec yeenp banl xap?

一天有几趟车?

一日有几班车?

09 Suiv weep il wanl xap xiv gangs noup?

最晚一班车是什么时候?

最晏班车系几时?

10 Yaoc liangp baol nyac lis xap bail Xaih wangc, bail gueec bail?

我想包你的车去锦屏，去不去?

我想包你架车去锦屏，去唔去?

11 Dos aih touk Jeenp xuih yuv yeenp jangl?

从这到天柱要多久?

由呢度到天柱要几耐?

12 Qamt gaos suc , il lenp xaox sic zox youl.

走高速，一个小时左右。

行高速，一个钟左右。

13 **Nyac xiv gangs noup lis xap?**

你是什么时候的车?

你系几时嘅车?

14 **Yaoc xiv benl nas gaos nyemv jiux dieenx lis xap.**

我是后天晚上九点的车。

我系后日晚黑九点嘅车。

15 **Jeenc juiv, sap il xuh ans gueec qak xap kenp!**

幸好，差一点就赶不上车了!

好彩，差啲就赶不到车喇!

16 **Gas touk nyac kaik yaoc hah!**

等到了你叫我一下吧!

等到咗你嗌下我啦!

17 **Sis ful, yaoc nyaoh aih luih xap.**

师傅，我在这里下车。

师傅，我喺呢度落车。

18 **Nyac menh xap gueec?**

你晕车吗?

你晕唔晕车啊?

19 **Yaoc suiv gueec daos xap!**

我坐不了车!

我唔坐得车!

⑳ Xap naih xiv bail Kaix Lix lis gueec?

这车是去凯里的吗?

部车系唔系去凯里㗎?

㉑ Xaop xiv gueec xiv yuv bail Qeenp xuih?

你们是不是要去天柱?

你哋系唔系要去天柱?

㉒ Xap nongc haip meex yangc map!

车怎么还没来啊!

部车做咩仲未嚟㗎!

㉓ Weik il, xap map kenp.

快点，车来了。

快啲，车嚟喇。

㉔ Av xap naih taik yeenv kenp.

这趟车太挤了。

呢班车太逼喇。

㉕ Av xap naih waih kenp.

这车坏了。

部车坏咗。

㉖ Touk meex yangc?

到了吗?

到未啊?

27 Eip meenh il, oc kenp meec il miax.

开慢点，路上有点滑。

揸慢啲，条路有啲滑。

28 Nyac jil kuaot kenp, beex eip xap!

你喝酒了，别开车！

你饮咗酒，唔好揸车！

29 Semp il nak, benl mos haip yuv ans xap.

早点睡，明天还得赶车。

早啲瞓，听日仲要赶车。

30 Nyac deic jis nenl geiv bail ul xap jil.

你带几个鸡蛋在车上吃。

你带几个鸡蛋喺车上食。

学单词 Wox meel siih

侗语	普通话	粤语
jeis	买	买
sinc	钱	钱
kuaik	元	蚊
map	来	嚟
touk	到	到
jas	等	等

续表

侗语	普通话	粤语
meenh	慢	慢
weik	快	快
jangl	久	耐
tingc	停	停
suiv xap	坐车	坐车
eip xap	开车	揸车
menh xap	晕车	晕车
dux xap	堵车	塞车
xap bieeuk	车票	车票
jak xap	上车	上车
luih xap	下车	落车
dic xap	打车	打车
baic div	排队	排队
yous feil	优惠	优惠

四、时间

XIP HOUK

学句子 Hop xeiv sungp

01 Nyinc naih xiv nyinc mangc?

今年是什么年啊?

今年系咩年啊?

02 Nyinc naih xiv nyinc memx.

今年是虎年。

今年系虎年。

03 Benl naih xiv benl mangc?

今天是初几?

今日系初几?

04 Benl mos nongc lic jus wedx jus, dah xongc yangc.

明天农历九月初九，过重阳。

听日旧历九月初九，过重阳。

05 Haip sap ngox wenp zongs xuh bac dieenx.

还差5分钟就8点。

差5分钟8点。

06 Xeenh naih yeenp dieenx?

现在几点了?

而家几点喇?

07 Yak saic louc dieenx,haip nyaoh semp.

刚6点，还早着呢。

啱6点，仲早住。

08 Nyinc naih xiv nyinc leil, nyinc sac xiv nyinc aiv.

今年是猴年，明年是鸡年。

今年系马骝年，出年系鸡年。

09 Mianl lenc qup samp, lail benl.

下个月农历初三，是好日子。

下个月旧历初三，系好日子。

10 Nyac senp nyic xiv benl noup?

你生日是哪天?

你生日系边日?

11 Nyac gangs noup meec ongk weex yenp jil oux!

你什么时候有时间一块吃个饭吧!

你几时得闲，一齐食餐饭啦!

12 Jaol meix benl gongs zoc beds nenl xiaox sic.

我们每天工作8个小时。

我哋每日做8个钟。

⑬ Yaoc meix benl liogc dieenx jenc.

我每天6点起床。

我日日6点起身。

⑭ Niv nyungl nyac touk weex mangc map?

昨晚你干什么去了?

寻晚你去咗做咩啊?

⑮ Nyemv naih gangs noup xonv map yanc?

今晚什么时候回家?

今晚几时返屋企?

⑯ Maoh meix benl duh yuv jil sac.

他每天都要按时吃药。

佢日日都要按时食药。

⑰ Nyac gangs noup map?

你什么时间来?

你几时嚟?

⑱ Nyac xonv map yanc yeenp jangl kenp?

你回家多久啦?

你翻屋企几耐喇?

⑲ Yaoc map lis samp siv benl kenp, jis bens xuh xonv bail.

我来三四天了，过几天就回去了。

我来咗三四日喇，过几日就返去喇。

20 Aih oc dongl gueec touk wux dieenx xuh dongv menl genp.

这里冬天5点不到就天黑了。

呢度冬天未到5点就天黑喇。

21 Saiv das il wianp xuh dah nyinc.

再过一个月就过年了。

过多一个月就过年喇。

22 Saip yaoc jis benl sic jeens, yaoc sangt hah.

给我几天时间，我考虑一下。

畀我几日时间，我谂下先。

23 Yaoc xiv nyinc weel qak lis dal xoc.

我是去年上的大学。

我系旧年读嘅大学。

24 Jaol yac bul xabc nyinc gueec dungs kenp.

咱俩快10年没见了。

我哋两个就嚟10年冇见喇。

25 Nyinc sac qak xis weds.

明年上18岁。

出年到18岁。

26 Jaix mianl lenc aol maix.

哥哥下个月结婚。

阿哥下个月结婚。

27 **Jaol meix mianl meec samp benl sav.**

我们每个月休息3天。

我哋每个月唞3日。

28 **Benl dah lis bens weik.**

时间过得好快。

时间过得好快。

29 **Aiv enl kenp.**

鸡叫了(指天快亮了)。

鸡叫咗。

30 **Jas il hah.**

稍等一下。

稍等。

学单词 Wox meel siih

侗语	普通话	粤语
nyinc weel	去年	旧年
nyinc naih	今年	今年
nyinc sac	明年	出年
nyinc lenc	后年	后年
benl nyungl	昨天	寻日，琴日

续表

侗语	普通话	粤语
benl naih	今天	今日
benl mos	明天	听日
benl nas	后天	后日
wedx	月	月
benl	日	日
gaos yedl	早上	朝早
gaos wenl	中午	中午
gaos nyemv	晚上	晚黑
xeenh naih	现在	而家
dah bail	过去	过去
benl noup	将来	将来
xip houk	时辰	时辰
yak saic	刚刚	啱啱
semp	早	早
weep	晚	晚

五、天气
TIEENS QIK

学句子 Hop xeiv sungp

01 Benl naih tieens qik yongc yangh?

今天天气怎么样？

今日天气点啊？

02 Benl naih bens lail benl.

今天天气真好。

今日天气好好。

03 Us xangp map nap.

太阳出来了。

出太阳喇。

04 Bieenv menl kenp, songx kop yuv meec mienl.

变天了，估计要有雨。

变咗天，睇怕要落雨。

05 Mienl dov lis bens leic!

这雨下得真大！

呢场雨落得真系大！

06 Wanv wanh haip dov gueec dov mienl?

外面还下不下雨？

出便仲落唔落雨？

07 Nyiv nyungl dov il yemk lis nuil.

昨夜下了一晚的雪。

琴晚落咗成晚雪。

08 Benl naih leic xangp xiv.

今天好大的太阳。

今日好大太阳。

09 Benl naih dov mienl gueec?

今天会下雨吗？

今日会唔会落雨啊？

10 Tieens qik yul baol xeiv,jis benl naih luh meec mienl.

天气预报说，这几天都会有雨。

天气预报话，呢几日都会落雨。

11 Jiv nyens deic sank, il dov mienl noup.

记得带伞，万一下雨。

记得带遮，万一落雨。

12 Il lemc luh gueec lis,bens ouv!

一点风都没有，真闷热！

一啲风都冇，真系焗热！

⑬ **Benl naih bens dunl!**

今天很热!

今日好热!

⑭ **Yip naih jangl wens kenp, yuv jongc dens il dus.**

最近降温了，要多穿点。

呢排降温喇，要着多啲。

⑮ **Liak xiv haok, weik map bieeup il wil!**

好冷喔，快来烤点火!

好冻啊，快啲嚟烘下火!

⑯ **Benl naih biix benl nyungl das laos il.**

今天比昨天暖和一点。

今日比寻日暖一啲。

⑰ **Yaoc gueec eiv oc dongl, taik liak.**

我不喜欢冬天，太冷了。

我唔中意冬天，太冻喇。

⑱ **Jaol aih il linc siv jiv luh liangc lail.**

我们这一年四季都凉快。

我哋呢度一年四季都凉爽。

⑲ **Nyinc naih taik sot,yuv nuv wil lail.**

今年太干燥了，要注意防火。

今年太干燥喇，要小心火烛。

20 Mienl dunl, aih haok eiv xangs longl.

夏天，这里经常涨洪水。

呢度夏天成日发大水。

21 Kongt bias kenp, dems dieenl sil.

打雷了，关电视。

行雷喇，关电视。

22 Dov nuil lail lop max yal.

下雪好滑雪。

落雪好滑雪。

23 Yaoc gop liak.

我怕冷。

我惊冻。

24 Leic munc eip xap renl xens.

大雾开车要认真。

大雾揸车要认真。

25 Dov nongc mienl.

下毛毛雨。

落溦溦雨。

26 Nyinc naih dov mienl benc jongc.

今年下雨特别多。

今年落雨零舍多。

27 Kongt bias dov mienl gueec yuv jemc dos dees meix.

雷雨天不要躲在树下。

雷雨天唔好匿喺树底。

28 Nyac lis nuv dah dov nuil gueec?

你见过下雪吗?

你有冇见过落雪啊?

29 Oc dongl yaoc eiv xangv dongv nangc.

冬天我容易生冻疮。

冬天我好易生冻疮。

30 Lemc taik leic kenp.

风太大了。

风太大喇。

学单词 Wox meel siih

侗语	普通话	粤语
lail menl	天晴	天晴
sabt lemc	刮风	翻风
gongt bias	打雷	得雷
dic labs	闪电	闪电

续表

侗语	普通话	粤语
dov mienl	下雨	落雨
xuip nuil	飘雪	飘雪
dic meel	打霜	起霜
munc	雾	雾
liak	冷	冻
dunl	热	热
oc xenp	春天	春天
oc dongl	冬天	冬天
eeul siup	交秋	交秋
das laos	暖和	暖
xangp	太阳	太阳
xangs longl	洪水	发大水
sot	干旱	干旱
nemx mienl	雨水	雨
guangx	多（丰富）	多（丰富）
nyunt	少	少

天气小知识 Tieens qik

侗族民间常常根据本地动植物生长活动状况来预知季节和气候变化征兆。例如，看花。空桐树开花，表示清明将至，天气渐暖。侗语有“乖人不听富人哄，桐油开花宜下种”的农谚，意思是要等桐油树开花以后才能做谷种，否则谷种下田早了，容易被冷水浸坏。看鸟。燕子南来春来到，燕子低飞大雨将至。还有一种哭雨鸟，只要听到它叫，就预示着有大雨要来了。看鱼。当看到田里的鱼在跳跃，说明快要下雨了。看蚂蚁。看到蚂蚁搬家时，说明快要下雨了。观螃蟹及草鞋板虫。当看到螃蟹及草鞋板虫爬到路旁，则预示着要涨洪水。

六、住宿
NYAOH JEENV

学句子 Hop xeiv sungp

01 Aih oup meec lail il lis bins guanx?

哪里有好点的宾馆？

边度有好啲嘅宾馆？

02 Nyac yuv nyaoh juiv il lis, haip xiv xangs yens il lis?

你要住贵点的，还是便宜点的？

你要住贵啲嘅，定系平啲嘅啊？

03 Jaol aih suiv lail lis xiv tengc longc jiux dieenl, siv xings lis.

我们这最好的是腾龙酒店，四星的。

我哋呢度最好嘅系腾龙酒店，四星嘅。

04 Xaop aih haip meec eenl gueec?

你们这还有房间吗？

你哋呢度仲有冇房啊？

05 Gueec lis eenl kenp, nyaoh monx kenp.

没有房间了，住满了。

冇房喇，住满晒。

06 Haip meec,yuv yeenp eenl?

还有，要几间？

仲有，要几间？

07 Nyaoh il yemk yeenp sinc?

住一晚多少钱？

住一晚几多钱？

08 Il yemk il wegs kuaik.

一晚100元。

一晚100蚊。

09 Xaop nyaoh yeenp nyaemv?

你们住几个晚上？

你哋住几晚？

10 Meec gueec meec xangs yens il lis eenl?

有没有便宜点的房间？

有冇平啲嘅房啊？

11 Suil xangs yens lis liogc xis waik,nyac nyaoh gueec?

最便宜的60元，你住不住？

最平嘅60蚊，你住唔住？

12 Yaoc kox yix nuv hah eenl gueec?

我可以看下房间吗？

我可唔可以睇下间房啊？

13 **Deic nyac lis sens fenl zengl saip yaoc dens jil hah.**

拿你身份证给我登记一下。

攞你身份证畀我登记一下。

14 **Yuv eeul yeenp yac jens?**

要交多少押金？

要交几多押金？

15 **Weis xinl eip sinc luh kox yix.**

微信或现金都可以。

微信或者现金都得。

16 **Aih xiv fangc kax hoc zaox cans pieeuk, douv lail.**

这是房卡和早餐票，请收好。

呢个系房卡同早餐票，请收好。

17 **Gaos wenl xis nyih dieenx toik fangc.**

中午12点退房。

中午12点退房。

18 **Aih lis wais fais mic max xiv yeenp?**

这儿的wifi密码是多少？

呢度嘅wifi密码系几多？

19 **Yaoc liangp wanh il lenp leic il lis eenl.**

我想换一个大一点房间。

我想换个大啲嘅房。

20 Yaoc yuv jenh lenp nyemv mos lis bieeus jeens,qic dieenx touk.

我要订一个明晚的标间，7点到。

我要订一个听晚嘅标间，7点到。

21 Xiv nyac nyaoh haip xiv eep nyaoh?

是你住还是别人住?

系你住定系人哋住?

22 Eenl naih yeenp lail lis, yeenx leic lis.

房间还不错啊，挺大的。

间房都唔错啊，几大下。

23 Dieenl sil eip gueec map, map bangl nuv hah.

电视打不开，来帮看一下。

电视打唔开，嚟帮手睇下。

24 Bangl yaoc eip yangl fac bieeuk.

帮我开张发票。

帮我开张发票。

25 Gaos nyemv bail oup nyaoh lih?

晚上去哪里住呢?

晚黑去边度住呢?

26 Map yaoc yanc nyaoh.

来我家住吧。

嚟我屋企住啦。

27 **Bail nyac oc nyac nyaoh, lail gueec?**

去你那里住，方便吗？

去你嗰度住，方唔方便㗎？

28 **Yaoc seenp xux lenp xenp.**

我先洗个澡。

我冲个凉先。

29 **Maoh laop gueec daos dih wangp nyaoh.**

他找不到地方住。

佢揾唔到地方住。

30 **Wanp bail, daov lenc yuh map.**

请慢走，欢迎下次光临。

请慢行，欢迎下次光临。

学单词 Wox meel siih

侗语	普通话	粤语
nyaoh	住	住
juiv	贵	贵
xangs yens	便宜	平
monx	满	满
nuv	看	睇
sinc	钱	钱

续表

侗语	普通话	粤语
wanh	换	换
leic	大	大
wav	脏	污糟
houx	吵	嘈
bins guanx	宾馆	宾馆
eenl	房间	房
nak	睡觉	瞓觉
as sax	别处	第度
eep	别人	人哋
jenh	预定	预定
xux xenp	洗澡	冲凉
nemx dangk	热水	热水
seenp	干净	干净
fac pieeuk	发票	发票

七、找人
LAOP ENC

学句子 Hop xeiv sungp

01 **Meec enc nyaoh yanc gueec?**

有人在家吗？

有冇人喺屋企啊？

02 **Nyac laop nouc?**

您找哪位？

你揾边位？

03 **Qingk baov xaop xaih meec wul sangc al.**

听说你们寨子有一个歌师。

听讲你哋寨有一个歌师。

04 **Xaop aih meec wul kaik Lanc Xangs lis gueec?**

你们这有没有个叫兰香的人？

你哋呢度有冇一个叫兰香嘅人？

05 **Yaoc taik nyac bail laop maoh.**

我带你去找她。

我带你去揾佢。

06 Jaol aih gueec lis bul enc naih.

我们这里没有这个人。

我哋呢度冇呢个人。

07 Nyac jas nyaoh yanc gueec?

你爸在家吗?

你老窦喺唔喺屋企啊?

08 Yaoc meec il siv laop maoh.

我有点事找他。

我有啲嘢搵佢。

09 Jas, meec enc laop nyac.

爸,有人找你。

老窦,有人搵你。

10 Nyac lis nuv yaoc mas gueec?

你看见我妈了吗?

你有冇睇到我阿妈啊?

11 Yak saic nyaoh aih!

刚刚还在这里!

啱啱仲喺度!

12 Yaoc oup luh laop gueec daoh maoh.

我到处都找不到她。

我四周围都搵唔到佢。

13 **Maoh yak us bail, gueec wox bail oup.**

他刚出去，不知道去哪了。

佢啱啱出去，唔知去咗边。

14 **Nyac suiv jas hah, maoh xonv map douk.**

你坐着等一下，他快回来了。

你坐喺度等一等，佢快返嚟喇。

15 **Maoh cuc cais bail kenp, nyac dah yac benl saiv map!**

他出差了，你过两天再来吧！

佢出咗差，你过两日再嚟啦！

16 **Il maoh xonv map, kaik maoh map laop yaoc.**

等他回来，叫他来找我。

等佢返嚟，叫佢嚟揾我。

17 **Nyac dic lenp dieenl fal saip maoh.**

您给他打个电话吧。

你打个电话畀佢啦。

18 **Yaoc dah jis benl saiv map laop maoh.**

我过几天再来找她。

我过几日再嚟揾佢。

19 **Nyac xiv wangc laox sip gueec?**

你是王老师吗？

你系唔系王老师啊？

20 **Yaoc gueec xiv, nyac meel jaoh enc kenp.**

我不是,你认错人了。

我唔系，你认错人喇。

21 **Nyac bail oup kenp? daih doux luh nyaoh laop nyac.**

你去哪了？大家都在找你。

你去咗边啊？大家都揾紧你。

22 **Laop dongs maoh meex yangc?**

找到他了吗？

揾到佢未啊？

23 **Haip naih lingx daox laop nyac.**

刚才领导找你。

头先领导揾你。

24 **Maoh bail oup kenp?**

他去哪里了？

佢去咗边啊？

25 **Maoh gueec nyaoh,nyac laop maoh mangc siv?**

他不在，你找他有什么事？

佢唔喺度，你揾佢有咩事？

26 **Nyac xeenh naih meec ongk gueec?**

你现在有空吗？

你而家得唔得闲？

27 Yaoc liangp laop nyac bangl lenp mangc.

我想找你帮个忙。

我想揾你帮下手。

28 Nyac wangk senp, gueec lis siv.

你放心，没问题。

你放心，冇问题。

29 Nyac map, yaoc dongc nyac xodt lenp siv.

你来，我和你说件事。

你过嚟，我同你讲件事。

30 Jas il hah, yaoc max sangl map.

等一下，我马上来。

等阵，我即刻嚟。

学单词 Wox meel siih

侗语	普通话	粤语
laop	找	揾
kaik	叫	叫
bangl	帮	帮
suiv	坐	坐
jas	等	等
jaoh	错	错

续表

侗语	普通话	粤语
oup	哪	边度
lieeux	丢	整唔见
enc	人	人
nyaoh	在	喺
nouc	谁	边个
wox meel	认识	识
yanc meix	木房	木屋
yak saic	刚刚	啱啱
xonv map	回来	翻嚟
us bail	出去	出去
us map	出来	出嚟
lis nuv	看见	睇到
dans weil	单位	单位
weex mangc	什么	咩

八、吃饭

JIL OUX

学句子 Hop xeiv sungp

01 Aih oup meec lail jil lis?

这边哪里有好吃的？

呢便边度有好食嘅？

02 Yaoc haip meex yangc jil oux yedl.

我还没有吃早饭。

我仲未食早餐。

03 Gangs noup jil oux? biees xiv!

什么时候吃饭啊？好饿！

几时食饭啊？好肚饿。

04 Meil niv, bail kaik ongs map jil oux!

小妹，去叫爷爷来吃饭！

细妹，去叫阿爷嚟食饭！

05 Jaol mangx jil il.

我们随便吃点。

我哋求其食啲。

06 Jaol aih eiv jil lianh、semt, gueec wox nyac jil lis gueenv gueec.

我们这边以酸、辣为主，不知道你吃不吃得惯。

我哋呢边以酸、辣为主，唔知你食唔食得惯。

07 Xaop taik eiv lail, weex yangh guangx mal.

你们太客气了，办这么多菜。

你哋太客气喇，搞咁多餸。

08 Nenl nanx yeenl naih xeeut lis lail jil.

这个腊肉炒得很好吃。

呢个腊肉炒得好好食。

09 Jongc jil il, beex ail nas!

多吃一点，别害羞！

食多啲，唔好怕丑！

10 Aih xiv benx dil aiv!

这是本地鸡！

呢只系本地鸡！

11 map, yaoc bangl nyac duis oux.

来，我帮你添饭。

嚟，我帮你添饭。

12 Jaol gaos wenl weex yenp jil oux !

我们中午一起吃个饭吧！

我哋中午一齐食餐饭啦！

13 Gaos nyemv bail oup jil oux?

晚上去哪里吃饭？

晚黑去边度食饭？

14 Gaos nyemv liangp jil nanx doc haip xiv dal?

晚上想吃牛肉还是鱼？

晚黑想食牛肉定系鱼？

15 Yangh jaol bail jil tac sic eep bieex bail?

要不我们吃塔石牛瘪去？

不如我哋去食塔石牛瘪？

16 Kaix Lix sons tangs yuc lail jil laox.

凯里酸汤鱼还不错。

凯里酸汤鱼都唔错。

17 Laox banx,xaop aih meec mangc lail jil lis?

老板，你们这有什么好吃的？

老细，你哋呢度有啲咩好食嘿？

18 Saiv deic il lenp duix il youh xoh.

再拿一副碗筷。

再攞多副碗筷。

19 Yuv gueec yuv weex lenp duix lianh?

要不要弄个辣蘸?

要唔要整个辣味碟?

20 Laox banx,jaol daih benl map nyac aih jil, nyac nyunt il sinc!

老板，我们经常来你这吃，你优惠点!

老细，我哋成日嚟你呢度食，你优惠啲!

21 Aih yuh lail jil yuv gueec juiv, daov lenc yuh map.

这里好吃又不贵，下次再来。

呢度好食又唔贵，下次再嚟。

22 Wanp wanp jil, gueec yuv liok.

慢慢吃，不要急。

慢慢食，唔好急。

23 Gueec meec mal mangc, loux naih weenc jil.

没有什么菜，大家将就吃。

冇咩餸，大家系噉意食下。

24 Loux map yemx kuaot.

大家来喝酒。

大家嚟饮酒。

25 Map, jiup mal jil.

来，夹菜吃。

嚟，夹餸食。

26 Maoh jil gueec daos lianh.

他吃不了辣。

佢唔食得辣。

27 Xaop seenp jil, beex yuv jas yaoc.

你们先吃，不要等我。

你哋食先，唔使等我。

28 Gueec lail yiv sis, saip xaop houk jangl kenp.

不好意思，让你们久等了。

唔好意思，要你哋等咁耐。

29 Yaoc jingv xaop il yeens kuaot.

来我敬大家一杯。

嚟我敬大家一杯。

30 Yaoc jil jangv kenp, xaop wanp jil!

我吃饱了，你们慢吃！

我食饱喇，你哋慢慢食！

学单词 Wox meel siih

侗语	普通话	粤语
biees	饿	饿
jangv	饱	饱
duix	碗	碗
xoh	筷	筷
baoc	盐	盐
hadl	咸	咸
sidt	淡	淡
lianh	辣	辣
nanx	肉	肉
mal	菜	餸，菜
jil oux	吃饭	食饭
weex oux	做饭	煮饭
xeeut mal	炒菜	炒餸
lail jil	好吃	好食
dal wedv	腌鱼	腌鱼
nanx yeenl	腊肉	腊肉
dal xigs	烤鱼	烤鱼
eex bieex	牛瘪	牛瘪
nanx aiv	鸡肉	鸡肉
nanx bedl	鸭肉	鸭肉

特色小吃 Lail jil lis wok

侗族以稻米为主食，尤其偏爱糯食。菜肴口味离不开酸，民间有“三天不吃酸，走路打偏偏”的说法。侗族酸类食品较多，如酸菜、酸笋、酸辣椒、酸蕨菜、米酸汤、红酸汤等。肉鱼食品有腌鱼、腌肉、牛瘪、羊瘪、烧鱼等，其中腌鱼和腌肉的酸、辣、香味恰到好处，肉鲜味美，开胃、下饭。

侗族的油茶也是一道传统美食。将茶叶、炒米、灰煎粑（糯米粑）、食油调配均匀，加以葱蒜、香料，用沸水冲泡，或加入山泉水，柴火煮开。给客人端上一碗油茶，是侗族人的待客习俗。

九、购物
JEIS WOK

学句子 Hop xeiv sungp

01 Oup meec leic il lis jeenv?

哪里有大一点的店?

边度有大啲嘅铺头?

02 Nyac yuv jeis mangc?

你要买什么?

你要买咩?

03 Nyac aih meec yeenl beel gueec?

你这里有烟卖吗?

你呢度有冇烟卖?

04 Benl naih nyac bail oc ail gueec?

今天你去逛街吗?

今日你去唔去行街啊?

05 Bail, yaoc liangp bail jeis il wok.

去，我想去买点东西。

去，我想去买啲嘢。

06 Nenl caos sil nyaoh weex hoc dongl, bens xangt yent.

那个超市在搞活动，好便宜。

嗰个超市搞紧活动，好平。

07 Jaol aih xiv kuip benx cux lix,xic xal samp benl!

我们这是亏本处理，最后3天！

我哋呢系蚀本处理，最后3日！

08 Laos map nuv nuv meec mangc eiv lis gueec!

进来看看有没有什么喜欢的！

入嚟睇下有冇咩中意嘅！

09 Nyac liangp jeis il mangc?

你想买点什么（东西）？

你想买啲咩（嘢）？

10 Yaoc xic xiv mangx nuv nuv.

我只是随便看看。

我净系求其睇睇。

11 Yaoc liangp jeis youh haip saip yaoc lax.

我想买双鞋给我儿子。

我想买对鞋畀我个仔。

12 Meec gueec meec enc laox dens lis haip miinc? nal il lis.

有没有老人穿的棉鞋？厚一点的。

有冇老人家着嘅棉鞋？厚一啲嘅。

13 Meec il niv, haip meec leic il lis gueec?

有点小了，还有大一点的吗？

有啲细，仲有冇大啲㗎？

14 Nenl naih yeenp sinc?

这个多少钱？

呢个几多钱？

15 Xangs yens il lis gueec?

能便宜一点吗？

可唔可以平啲啊？

16 Taik juiv kenp, yaoc jeis gueec jit.

太贵了，我买不起。

太贵喇，我买唔起。

17 Jus xis, beel gueec beel?

90，卖不卖？

90，卖唔卖？

18 Nyac nenl av sinc naih beel gueec daos.

你这个价钱卖不了。

你呢个价钱卖唔到。

19 Doiv gueec xuh, jaol aih gueec xeiv av.

对不起，我们这不讲价。

对唔住，我哋呢度唔讲价。

20 Nenl paic zix naih lis zic liangl suil lail.

这个牌子的质量最好了。

呢个牌子嘅质量最好喇。

21 Nyac jeis gueec jeis?

你买不买？

你买唔买？

22 Yaoc gueec eiv nenl yeenc seec naih.

我不喜欢这个颜色。

我唔中意呢个颜色。

23 Xaop nenl jeenv naih gangs noup xal dool?

你们店子什么时候关门？

你哋铺头几时关门啊？

24 Gueec yuv nyaoh aih jeis, juiv xiv.

不要在这里买，贵得很。

唔好喺度买，贵到咩噉。

25 Nyac haip meec mangc yuv jeis lis gueec?

你还有什么要买的吗？

你仲有咩要买㗎？

26 Yaoc lis sinc gueec deenl kenp.

我的钱不够了。

我啲钱唔够喇。

27 Daov lenc yuh map dongc yaoc jeis!

下次又来照顾我生意哦！

下次又嚟照顾我生意呙！

28 Lax idx enc haok eiv nyaoh oc wangx jeis wok .

年轻人都喜欢在网上买东西。

后生仔都中意喺网上买嘢。

29 Yaoc jeis xap meik kenp.

我买新车了。

我买新车喇。

30 Yaoc nyaoh Kaix Lix jeis lis yanc.

我在凯里买了房子。

我喺凯里买咗屋。

学单词 Wox meel siih

侗语	普通话	粤语
jeis	买	买
beel	卖	卖
toik	退	退
wanh	换	换
nuv	看	睇
yeenl	烟	烟

续表

侗语	普通话	粤语
dangc	糖	糖
leic	大	大
niv	小	细
nal	厚	厚
jeenv	商店	铺头
caos sil	超市	超市
av sinc	价钱	价钱
xangt yent	便宜	平
juiv	贵	贵
xeiv av	讲价	讲价
hah sis	全部（一共）	全部（一共）
linc sinc	零钱	散纸
haip miinc	棉鞋	棉鞋
gueec yuv	不要	唔要

十、看病
NUV BIINGH

学句子 Hop xeiv sungp

01 **Aih oup meec yoc dieenl? yaoc liangk jeis il sac.**

这儿哪里有药店？我想买点药。

呢度边度有药店？我想买啲药。

02 **Nyac oup gueec suh saih?**

你哪里不舒服？

你边度唔舒服？

03 **Nyac weex mangc nuc? nanx nas yangh sap.**

你怎么了？脸色这么差。

你点啊？面色咁差。

04 **Yaoc dus naih meec il gueec suh saih.**

我肚子有点不舒服。

我个肚有啲唔舒服。

05 **Yaoc lis bienl yuh ids kenp.**

我的牙又疼了。

我嘅牙又痛喇。

06 Yaoc aih meec il ids.

我这里有点痛。

我呢度有啲痛。

07 Yaoc bangl nyac eip il sac,jil jis benl xuh lail.

我给你开点药，吃几天就好了。

我开啲药畀你，食几日就好喇。

08 Songl sac naih yongc jil?

这药怎么吃？

啲药点食？

09 Sac naih il wenl jil sanp daov, il laov yac nenl.

这药每天服3次，每次2片。

啲药一日食3次，一次2粒。

10 Jis benl naih jongc jil nemx,gueec yuv jil yeenl jil kuaot.

这几天多喝水，不要抽烟喝酒。

呢几日饮多啲水，唔好食烟饮酒。

11 Yaoc liangp bail oc yeenk nuv hah biingh.

我想去县里看下病。

我想去县里边睇下病。

12 Nyac yangh yeenp jangl kenp?

你这样多久了？

你噉样几耐喇？

⑬ **Maoh xiv biingh mangc? nyeenc zongl gueec?**

他是什么病？严重吗？

佢系咩病？严唔严重？

⑭ **Maoh biingh naih haip eenv lis lail gueec?**

他这个病还能治好吗？

佢呢个病仲医唔医得好啊？

⑮ **Nyac seil lail xiv suiv yuanl,meec yis baox gueec?**

你最好是住院，有医保吗？

你最好系住院，有冇医保？

⑯ **Nyac jingk lail il meex yangc?**

你感觉好点了没？

你觉得好啲未啊？

⑰ **Haip xiv bail yis yuanl nuv hah,wangk senp.**

还是去医院看看吧，放心。

都系去医院睇下啦，放心。

⑱ **Yis yuanl nuv biingh lis enc xinl jongc.**

医院看病的人真多。

嘞医院睇病嘅人真系多。

⑲ **Yis sengs yongc yangh xeiv?**

医生怎么说？

医生点讲？

20 Yuv dic qemp gueec?

需要打针吗?

要唔要打针啊?

21 Gueec lis mangc.

没有什么大问题。

冇乜大问题。

22 Maoh yuv max sangl weex soux suc.

他需要马上做手术。

佢需要即刻做手术。

23 Nyac benl naih lail il meex yangc?

你今天好些了吗?

你今日好啲未啊?

24 Lail guangx kenp, ait nyac.

好多了，谢谢你。

好好多喇，多谢你。

25 Yaoc mangc luh gueec liangp jil.

我什么都不想吃。

我咩都唔想食。

26 Yaoc gangs noup kox yix us yuanl?

我什么时候可以出院?

我几时可以出院?

27 **Maoh suiv yuanl xebc jongc benl kenp.**

他住院十多天了。

佢住院十几日喇。

28 **Jiv nyenh jil sac.**

记得按时吃药。

记得按时食药。

29 **Daov naih suiv yuanl yongh kenp il wanh dah kuaik sinc.**

这次住院花了一万多元。

今次住院使咗万几蚊。

30 **Meec lis biingh songx kop jil caox yoc haip yuv lail weik il!**

有的病可能吃草药还快一些!

有啲病可能食山草药仲快一啲!

学单词 Wox meel siih

侗语	普通话	粤语
biingh	病	病
ids	痛	痛
sac	药	药
eenv	治	医
weik	快	快
jangs	伤	伤
dus	肚子	肚

续表

侗语	普通话	粤语
neev	酸痛	痛
xeek eex	腹泻	肚屙
wux	咳嗽	咳
yoc dieenl	药店	药店
yis yuanl	医院	医院
jil sac	吃药	食药
dic qemp	打针	打针
jiuv nemx	吊针	吊水
suiv yuanl	住院	住院
ids gaos	头痛	头痛
wedt kunt	发烧	发烧
suh saih	舒服	舒服
gueds yap	刮痧	刮痧

侗医知识 Geml Eenv biingh

侗族传统的防病治病方法是用草药。以前每个侗寨会有一两个土郎中，他们熟悉侗族山上的草药，常常有祖传秘方，奔走乡间为乡亲治病。土郎中的药物大都是自采自制。有的土郎中还有治疗侗族地区特有疾病的绝技，如毒蛇咬伤、骨折、无名肿毒等等。土郎中采药和制药时，一般不会让外人跟随和观看，技艺往往是家门独传，不教外人。

十一、赶集
ANS XANGC

学句子 Hop xeiv sungp

01 Xaop aih benl noup ans xangc?

你们这里哪天赶集？

你哋呢度边日趁圩？

02 Jaol aih ngox benl ans laov xangc.

我们这里5天赶一次集。

我哋呢度5日赶一次趁圩。

03 Xaop haok bail oup ans xangc pieik il?

你们去哪里赶集近些？

你哋去边度趁圩近啲？

04 Oc xangc mangc luh meec beel.

集市上什么都有得卖。

圩度乜都有得卖。

05 Benl mos bail gueec bail ans xangc? bail xuh gaik yaoc lenp!

明天去不去赶集啊？去的话叫下我！

听日去唔去趁圩啊？去嘅话叫埋我！

06 Benl mos yaoc map kaik nyac.

明早我来叫你。

听朝我嚟叫你。

07 Bangl yaoc taik yac baol baoc xonv map!

麻烦帮我带两包盐回来！

唔该帮我带包盐翻嚟！

08 Yaoc yuv bail semp il, beel il sangp wadt.

我要去早一点，卖点折耳根。

我要去早啲，卖啲鱼腥草。

09 Benl naih ans xangc, dads jis doc aiv bail beel.

今天赶集，挑几只鸡去卖。

今日趁圩，拣几只鸡去卖。

10 Jaol xiv qamt kenp bail haip xiv suiv xap bail?

我们是走路去还是坐车去？

我哋系行路去定系搭车去？

11 Aih pingc sic yeenp dieenx sank xangc?

这里平时几点散场?

呢度平时几点散场?

12 Xaop yeex map ans xangc?

你们也来赶集啦?

你哋都嚟趁圩啊?

13 Nyac map jeis mangc?

你来买什么?

你嚟买咩啊?

14 Yaoc map jeis loc lax muk.

我来买一头猪仔。

我嚟买一只猪仔。

15 Xangs yens beel, weik map jeis yix!

便宜卖了，快来买耶!

平卖喇，快啲嚟买吖!

16 Aih beel wok bens xangs yens.

这东西卖得好便宜。

啲嘢卖得好平。

17 Nanx yeenp sinc il yenl?

肉多少钱一斤?

肉几多钱一斤?

⑱ Bul yangc mic naih yongc beel?

这杨梅怎么卖?

啲杨梅点卖?

⑲ Gueec yuv yangh sont, il yaoc gueec lail beel.

你别挑来挑去的，一会儿我不好卖。

你唔好拣嚟拣去嘅，一阵我唔好卖。

⑳ Yaoc haok yuv kenp, nyac nyunc il.

我全部要了，你便宜点。

我全部要晒，你平啲。

㉑ Aih xiv jaol yanc ax sangx lis muk, lail jil.

这是我们自己家养的猪，好吃。

呢啲系我哋自己屋企养嘅猪，好食。

㉒ Maoh beel oc nyac xiv benx dil geiv aiv!

他卖的那个是土鸡蛋!

佢卖嘅嗰个系土鸡蛋!

㉓ Nyac yuv yeenp jenl?

你要多少斤?

你要几多斤?

㉔ Aih gueec deenl yac jenl, saiv al il kenp!

这不够两斤，再加一点!

呢度唔够两斤，再加啲!

25 **Benl naih lail senp yiv gueec?**

今天生意怎么样?

今日生意点啊?

26 **Benl naih nanx lail beel,haok beel kenp lieeux.**

今天肉好卖，全卖光了。

今日肉好卖，全部卖晒喇。

27 **Xangc lenc ans xangc nyinc, naov leec xiv lax.**

下场赶年场，热闹得很。

下场趁年圩，热闹到不得了。

28 **Benl naih ans xangc nyac jeis lis mangc?**

今天赶场你买了什么?

今日趁圩你买到咩啊?

29 **Wangx benl ans xangc haok qamt kenp.**

以前赶场全是走路。

以前趁圩全部系行路。

30 **Bail jeis il hok dah nyinc.**

去买点年货过年。

去买啲年货过年。

学单词 Wox meel siih

侗语	普通话	粤语
enc	人	人
aiv	鸡	鸡
baoc	盐	盐
wok	货	货
sont	选	拣
siuv	秤	秤
al	添	添
xal	剩	剩
guangx	多	多
nyunt	少	少
ans xangc	赶集	趁圩
yangp yak	农村	农村
ail	街上	街度
daih doux	大家	大家
naov reec	热闹	热闹
sank xangc	散场	散场
gaos genp	路口	路口
nenl naih	这个	呢个
geiv aiv	鸡蛋	鸡蛋
sangp wadt	折耳根	鱼腥草

侗乡赶集 Geml ans xangc

侗族人称赶集为“赶场”，一般会选择附近的集市去赶集，如果附近集市没有要买的东西，则会走几十里赶远集。现在每个乡镇都有固定的赶集日，五六天赶一次集。在集市上能够买到或交换到侗族人需要的生活百货、五金杂货，集市上所有的东西买卖时可以讨价还价。不少东西在城市的商场无法见到。有时侗族人也会带上自家土特产到市场上跟别人换取所需要的东西，不用现金买卖。每逢节场、年场，更是热闹兴旺。

十二、办证
BEENH ZENGL

学句子 Hop xeiv sungp

01 Beenh sens fenl zengl nyaoh oup beenh?

办身份证在哪里办？

办身份证喺边度办？

02 Yaoc lis sens fenl zengl weex lieeux kenp.

我的身份证弄丢了。

我嘅身份证整唔见咗。

03 Deic ful koux benx bail Pail cuc sox beenh xuh kox yix kenp.

拿户口本到派出所办就可以了。

攞户口簿到派出所办就得喇。

04 Nyac kox yix seenp beenh lenp linc sic lis sens fenl zengl.

你可以先办一个临时身份证。

你可以办个临时身份证先。

05 Gangs noup beenh lis lail?

什么时候能办好？

几时可以搞掂？

06 Beenh sens fenl zengl yuv yac mianl, linc sic lis max sangl lis.

办身份证要两个月，临时的可以马上就好。

办身份证要两个月，临时嘅即刻就得。

07 Saiv dah xis ngox benl map aol xuh xingc kenp.

再过15天来拿就可以了。

过多15日嚟攞就得喇。

08 Xaop beenh jeec fens zengl meex yangc?

你们办结婚证了没有？

你哋办咗结婚证未啊？

09 Beenh jeec fens zengl yuv yac mangv lis ful koux benx.

办结婚证要男女双方的户口本。

办结婚证要男女双方嘅户口簿。

10 Map lis daik semp, haip meex yangc eip dol.

来得太早了，还没有开门。

嚟得太早喇，仲未开门。

11 **Benl naih lail benl, map beenh zengl lis enc bens guangx.**

今天日子好，来办证的人很多。

今日日子好，嚟办证嘅人好多。

12 **Dah jis benl yuv bail beenl zunx sengs zengl.**

过几天要去办准生证。

过几日要去搞准生证。

13 **Yaoc liangp beenh cuc sens zengl, yuv mangc caic lieeul?**

我想办出生证，要哪些材料？

我想搞出生证，要边啲材料？

14 **Xeenh naih lax uns yuv jak ful koux, saic lis bail dos leec.**

现在小孩要上了户口，才能去上学。

而家细路仔要上咗户口，先至可以去翻学。

15 **Bail wanv wanh dax gongs yuv beenh wul gongs zengl gueec?**

去外面打工要不要办务工证？

去出便打工使唔使搞务工证？

16 **Bail oc xaih dic zengl mingc map.**

去村里打个证明来。

喺村度开个证明嚟。

17 **Mac fanc bangl yaoc eip lenp zengl mingc.**

麻烦给我开个证明。

唔该同我开个证明。

18 Xaop aih kox yix beenh gangx ngaol tongs xingc zengl gueec?

你们这里可以办港澳通行证吗？

你哋呢度可唔可以搞港澳通行证啊？

19 Nyac lis zengl dah qis kenp, yuv bail wanh meik lis.

你的证过期了，要去补办新的。

你嘅证过咗期，要去补办新嘅。

20 Xeenh naih beenh zengl bens mac fanc, yuv jedx yeenp guangx daov!

现在办证很麻烦，要跑好几趟！

而家办证好麻烦，要行好几次！

21 Beenh fangc canx zengl haip yuv gueec yuv eeul sinc?

办房产证还需不需要交钱？

办房产证仲使唔使交钱？

22 Nenl das naih xiv jaol lis, meec linc canx zengl.

这个山是我们的，有林产证。

呢个山系我地嘅，有林产证。

23 Deev meix gueec beenh kanx fac zengl, yuv jangs fac konx.

砍木头没办砍伐证，是要被罚款的。

锯木唔办砍伐证，系要畀罚款嘿。

24 Nyac aot lis jal zaol meex yangc?

你考驾照了吗？

你考咗车牌未？

25 Yaoc jal zaol luh lis sanp nyinc kenp.

我驾照都拿了3年了。

我驾驶证都攞咗3年喇。

学单词 Wox meel siih

侗语	普通话	粤语
beenh	办	做
lieeux	丢	整唔见
deic	拿	攞
lis	得	得
aot	考	考
das	山	山
jedx	跑	走
wanh	换	换
meik	新	新
caic lieeul	材料	材料
sens fenl zengl	身份证	身份证
ful oux benx	户口本	户口本
fangc canx zengl	房产证	屋契

续表

侗语	普通话	粤语
jeenl kangs zengl	健康证	健康证
ful zaol	护照	护照
eip dol	开门	开门
dah qis	过期	过期
fac sinc	罚款	罚款
wanv wanh	外面	外便，出便
congc beenh	补办	补办

十三、生意
SENP YIV

学句子 Hop xeiv sungp

01 Laox banx nyac xiv weex mangc senp yiv lis?

老板你是做什么生意的？

老细你系做咩生意㗎？

02 Nyac koux caic lail, hoc xiv weex senp yiv.

你口才好，适合做生意。

你口才好，啱做生意。

03 Xeenh naih lis senp yiv gueec lail weex.

现在的生意越来越不好做了。

而家嘅生意越嚟越唔好做喇。

04 Maoh weex senp yiv jeens xiv, beex qak dangv.

他们做生意很狡猾，不要上当。

佢哋做生意好蛊惑㗎，唔好领嘢。

05 Maoh jis nyinc naih weex meix senp yiv wedt saic guangx.

他这几年做木头生意发大财。

佢呢几年做木头生意发咗达。

06 Wok naih beel gueec us av sinc.

这东西卖不出好价钱。

呢样嘢卖唔出好价钱。

07 Yuv gueec jaol xup bav sac bail wanv wanh beel?

要不我们收药材去外面卖?

不如我哋收药材去出便卖?

08 Xaop aih pis fac av xiv yeenp?

你们这里批发价是多少?

你哋呢度批发价系几多?

09 Daov naih xonh lis yeenp sinc?

这次赚了多少钱?

今次揾咗几多钱?

10 Nyinc naih weex senp yiv kuip laox hox.

今年做生意亏大本。

今年做生意蚀晒大本。

11 Weex senp yiv yeex xiv meec xonh meec kuip lis.

生意嘛也是有赚有赔的。

生意都系有赚有蚀嘅。

12 Yaoc liangk zus lenp jeenv map beel dus.

我想租个门面来卖衣服。

我想租个铺头嚟卖衫。

⑬ Xeenh naih eip peic xunl bans, xonh sinc guangx.

现在开培训班，可挣钱了。

而家开培训班，好赚钱㗎。

⑭ Bens sinc gueec dieenl,jaol weex yenp deeuv sinc weex.

本钱不够，我们合伙吧。

本钱唔够，我哋夹份啦。

⑮ Nyac aih senp yiv lail gueec lail?

你这里生意好吗？

你呢度生意好唔好？

⑯ Maoh yanc senp yiv lail xiv.

他家生意很好。

佢屋企生意好好。

⑰ Yaoc liangp daiv il konx bail weex senp yiv.

我想贷款去做生意。

我想贷款去做生意。

⑱ Nenl jeenv yak eip gueec yeenp jangl, xuh dems dol kenp.

那店还没开多久，就关门了。

嗰间铺头都未开几耐，就执咗笠。

⑲ Nyinc naih beel yac doc muk, lis liogc sinp kuaik sinc.

今年卖了两头猪，得了6000元。

今年卖咗两只猪，搵咗6000蚊。

20 Jas idx lis xip houk eip dah xap laox, jedx dah cangc tuc.

爸爸年轻的时候开过货车，跑过长途。

阿爸后生嗰阵揸过货车，跑过长途。

21 Yaoc nongx sangt dongc maoh hop weex senp yiv.

我弟弟想跟他学做生意。

我细佬想同佢学做生意。

22 Jis nyinc naih mangc senp yiv luh gueec lail weex.

这几年什么生意都不好做。

呢几年咩生意都唔好做。

23 Yil qingc doiv senp yiv yenx xangx henx leic.

疫情对生意影响很大。

疫情对生意影响好大。

24 Yaoc juc xiv weex senp yiv meix lis.

我舅是做木材生意的。

我舅父系做木材生意嘅。

25 Senp yiv gueec dongc renc jiv nyaoh.

生意不成仁义在。

生意唔成仁义在。

学单词 Wox meel siih

侗语	普通话	粤语
weex	做	做
xonh	赚	赚
guip	亏	蚀
lail	好	好
heek	坏	衰
jeenv	店	店
zus	租	租
deeuv	凑	夹
hop	学	学
wenp	分	分
senp yiv	生意	生意
hoc xiv	适合	啱
wedt saic	发财	发财，发达
bens sinc	本钱	本钱
dail konx	贷款	贷款
cenc baos	承包	承包
xup	收购	收购
xal dol	倒闭	执笠
jeens	狡猾	蛊惑
pis fac av	批发价	批发价

十四、上学
QAK YOP

学句子 Hop xeiv sungp

01 Wangh xens jaol xaih meec lenp yop.

以前我们寨子有一个学校。

以前我哋寨有一个学校。

02 Oc yanc kunl nanc, yeenp guangx enc luh dos gueec qit leec.

因为家庭困难，读不起书的人很多。

因为家庭困难，读唔起书嘅人好多。

03 Maoh cus zongs gueec dos kenp, xuh us bail dax gongs bail kenp.

他初中没读完，就出去打工了。

佢初中冇读晒，就出去打工喇。

04 Xaop aih nenl yop noup lail il?

你们这里哪个学校比较好？

你哋呢度边间学校比较好？

05 Kaix lix yic zongs xiv jaol aih seil lail lis gaos zongs.

凯里一中是我们这里最好的高中。

凯里一中系我哋呢度最好嘅高中。

06 Bul laox sip gav eeuv lis lail.

那个老师教得好。

嗰个老师教得好。

07 Oc yop gangs noup songk jax?

学校什么时候放假?

学校几时放假?

08 Nyac nyaoh nenl yop noup dos leec?

你在哪个学校读书?

你喺边间学校读书?

09 Xiv nyaoh yop nyaoh haip xiv zoux duc?

是住校还是走读?

系住校定系走读?

10 Yaoc nyinc naih aot lis Kaix lix xoc yuanl.

我今年考上了凯里学院。

我今年考到咗凯里学院。

11 Haip yuv yeenp jangl bail qak yop?

还有多久去上学?

仲有几耐去翻学?

⑫ **Il linc yuv eeul yeenp sinc?**

一年要交多少学费？

一年要交几多学费？

⑬ **Xeenh naih qak dal xoc kox yix sengs qingx dail konx.**

现在上大学可以申请贷款。

而家读大学可以申请贷款。

⑭ **Nyac nyaoh oup dos lis yop?hop mangc zons nyeec?**

你在哪里上的大学？学什么专业？

你喺边度读嘅大学？学乜嘢专业？

⑮ **Yaoc xiv nyaoh Beec Jings qak lis dal xoc.**

我是在北京上的大学。

我系喺北京读嘅大学。

⑯ **Qak jil xaol yeex lail, haip kox yix hop lis il jil suc.**

上技校也好,还可以学到一点技术。

读技校都好，仲可以学到啲技术。

⑰ **Maoh yanc sanp lax luh xiv dal xoc sengs.**

他们家3个孩子都是大学生。

佢哋屋企3个仔女都系大学生。

⑱ **Nyac bic nyeec liangp weex mangc?**

你毕业打算干什么？

你毕业谂住做咩啊？

19 Maoh lax laop lis lenp gongs zoc lail lail.

他家孩子找了份好工作。

佢嘅仔女揾咗份好工。

20 Xeenh naih laox sip haok yongh pux tongs fal qak kok.

现在老师都用普通话上课。

而家老师都用普通话上课。

21 Qak kok lail lail qingk, gueec yuv xeiv sungp.

上课好好听，不要说话。

上堂好好听，唔好讲嘢。

22 Gueec wox yuv jongc xais laox sip.

不懂要多问老师。

唔识要多啲问老师。

23 Maoh cenc jic yangk noup luh lail.

他成绩一直都很好。

佢成绩一直都好好。

24 Dos leec yuv lenl xens.

读书要认真。

读书要认真。

25 Nyac lis zoc nyeec weex kenp meec yangc?

你的作业做完没有？

你嘅作业做完未啊？

26 Yaoc bail qak yop lax.

我去上学了。

我去翻学喇。

27 Yaoc songk yop map kenp.

我放学回来了。

我放学翻嚟喇。

28 Benl naih yaoc jeis lis deih leec meik.

今天我买得新书包。

今日我买到新书包。

29 Yaoc gueec dos dah leec, gueec wox meel siih.

我没读过书，认不得字。

我冇读过书，唔识字。

30 Wangh xenh jaol meec wul suk lail xiv.

以前我们有个老师特别好。

以前我哋有个老师特别好。

学单词 Wox meel siih

侗语	普通话	粤语
eeuv	教	教
hop	学	学

续表

侗语	普通话	粤语
yaml	借	借
eeul	交	交
wox	懂	识
sap	差	差
xongc	厉害	犀利
xeiv sungp	说话	讲嘢
bux kok	补课	补课
qak kok	上课	上堂
qak yop	上学	翻学
dos leec	读书	读书
laox sip	老师	老师
lax yop	同学	同学
eeuv leec	教书	教书
dal xoc	大学	大学
xoc feil	学费	学费
eip yop	开学	开学
zons nyeec	专业	专业
dal xoc sengs	大学生	大学生

侗族教育 Geml jaol youc

侗族的学校教育始于宋代，先后在侗族地区建立州学、府学、县学、义学、社学和书院、书馆等。现在，大部分侗族学子陆续考入北京、上海、广州等高等学校求学深造。祖辈也会用“Yanc gueec dos leec lax, mongs das sax noup map”（家无读书子，官从何处来）来鼓励后辈多读书。

十五、工作
GONGS ZOC

学句子 Hop xeiv sungp

01 Nyac nyaoh oup qak banl?

你在哪里上班？

你喺边度上班？

02 Yaoc xeenh naih haip meex yangc meec gongs zoc.

我现在还没有工作。

我而家仲未做嘢。

03 Yaoc nyaoh oc yop dangl laox sip.

我在学校当老师。

我喺学校做老师。

04 Yaoc sox al weex senp yiv.

我自己做生意。

我自己做生意。

05 Xaop gaos yedl yeenp dieenx bail qak banl?

你们早上几点上班？

你哋朝早几点翻工？

06 Nyac gongs zoc yeenp nyinc?

你工作多少年了？

你做嘢几多年喇？

07 Yaoc cans jas gongs zoc lis xip houk saic xis ngox nyinc.

我刚参加工作的时候才19岁。

我啱参加工作嗰阵先19岁。

08 Nyac mas jas tuil xius meex yangc?

你爸妈退休了吗？

你爸爸妈妈退休未啊？

09 Xaop dans weik dail yul yongc yangh?

你们单位待遇怎么样？

你哋单位待遇点啊？

10 Nyac laop lis gongs zoc meex yangc?

你找到工作了吗？

你揾到工未啊？

11 Xeenh naih gongs zoc gueec lail aot, xeenl xoc lic xeenl zons nyeec.

现在工作不好考，限学历又限专业。

而家揾工唔容易，限学历又限专业。

12 Maoh yit bic nyeec xuh bail zengl fux gongs zoc.

他一毕业就去了政府工作。

佢一毕业就去咗政府做嘢。

⑬ **Yaoc liangp bail laop il siv weex, xonh il sinc.**

我想去找点事做，挣点钱。

我想去揾啲嘢做，揾啲钱。

⑭ **Gueec noup jaol bail Guangx Dongs dax gongs bail?**

要不我们去广东打工去？

不如我哋去广东打工？

⑮ **Qingk baov nenl pic jiux cangx gav xup enc, jaol bail nuv nuv.**

听说啤酒厂招工，我们去看看。

听讲啤酒场招工，我哋去睇下。

⑯ **Xaop aih yuv gueec yuv enc?**

你们这里招不招人？

你哋呢度招唔招人？

⑰ **Il wianp lis yeenp sinc?**

一个月工资多少？

一个月工资几多？

⑱ **Il wianp yac sinp ngox,baol jil gueec baol nyaoh.**

一个月2500，包吃不包住。

一个月2500，包食唔包住。

⑲ **Il wenl yuv qak yeenp nenl xaox sic lis banl?**

一天要上几个小时的班？

一日要翻几个钟头工？

20 **Nyac qak banl lis dih wangp gail gueec gail?**

你上班的地方远不远？

你翻工嘅地方远唔远？

21 **Songl ongk naih enk, nyac weex lis gueec?**

这份工作很辛苦，你做得了吗？

呢份工好辛苦，你做唔做得到啊？

22 **Jaol aih xiv weex il wianp, hoc geec xuh yongh.**

我们这里试用一个月，合格才录用。

我哋呢度试用一个月，合格先录用。

23 **Benl benl jas bans, yaoc luh gueec liangp weex kenp!**

天天加班，我都想不干啦！

日日加班，我都想唔做喇！

24 **Nyac laop lis gongs zoc xenl lail!**

你找的工作真好。

你揾嘅工真系好。

25 **Yaoc lih lus nyaoh xangs zengl qak banl.**

我一辈子都是在乡镇工作。

我一世都系喺乡镇做嘢。

26 **Maoh bux neix luh meec gongs zoc.**

他父母都有工作。

佢父母都有工做。

27 Yaoc gangs noup qak banl?

我什么时候来上班？

我几时嚟上班啊？

28 Nyac laop lis gongs zoc meex yangc?

你找到工作了吗？

你揾到工未啊？

29 Jis cengc gongs zoc enk xiv ax.

基层工作很辛苦。

基层做嘢好辛苦。

30 Lax idx enc, gueec yuv gop enk.

年轻人，不要怕苦。

后生仔，唔好怕辛苦。

学单词 Wox meel siih

侗语	普通话	粤语
gongs zoc	工作	做嘢
qak banl	上班	翻工
luih banl	下班	落班
al banl	加班	加班
gongs zis	工资	人工
weex ongl	干活	做嘢

续表

侗语	普通话	粤语
ongl sinc	工钱	人工
laox sip	老师	老师
dangl mungt	当官	做官
gongs wul yuanc	公务员	公务员
xiv yongh	试用	试用
ongl qeenp	重活	粗重嘢
ongl qat	轻活	轻松嘢
jenc jeenh	勤快	勤力
enc meik	新人	新人
xup	招收	招收
xangv	账	账
enk	辛苦	辛苦
sav	休息	休息
sank	懒	懒

十六、银行
YENC HANGC

学句子 Hop xeiv sungp

01 Oc aih oup meec Yenc hangc?

这附近哪里有银行?

呢度附近边度有银行?

02 Aih xic meec xinl yongl seel, gueec lis gongs sangs yenc hangc.

这只有信用社，没有工商银行。

呢度系得信用社，冇工商银行。

03 Doiv nas meec il lenp yenc hangc.

对面有一家银行。

对面有一间银行。

04 Yaoc bail aol il sinc.

我去取点钱。

我去攞哟钱。

05 **Quix konx jis quix sinc yuv renl xens.**

取款机取钱要小心。

柜员机攞钱要小心。

06 **Benl naih yuv bail Yenc hangc dail il konx.**

今天要去银行贷点款。

今日要去银行贷啲款。

07 **Nyac seenp aol lenp haol, suiv dos aih baic div.**

你先取一个号，坐在这排队。

你攞个号先，坐喺度排队。

08 **Yangh guangx enc, yangh yuv jas yeenp jangl bail!**

这么多人，那得等到多久去！

咁多人，嗷要等几耐！

09 **Qingx touk beds haol cangs koux beenh.**

请到8号窗口办理业务。

请到8号窗办理业务。

10 **Nyac xiv quix sinc haip xiv cunc sinc?**

您是取钱还是存钱？

你系攞钱定系存钱？

11 **Yaoc liangp eip lenp ful.**

我想开一个户。

我想开个户。

⑫ **Nyac yuv aol yeenp sinc?**

您要取多少钱？

你要几多钱？

⑬ **Yaoc yuv quix ngox begs.**

我要取500元。

我要攞500蚊。

⑭ **Kax kenp aox haip meec yeenp sinc? hah sis quix.**

卡里还有多少钱？全部取。

卡里面仲有几多钱？全部攞晒。

⑮ **Nyac kax lis sinc gueec dieenl kenp.**

你卡里的钱不够了。

你卡里面嘅钱唔够喇。

⑯ **Nyac mic max gueec doiv, saiv xik hah nuv!**

你密码不对，再试一下！

你密码唔啱，试多下！

⑰ **Jiv sinc yuv nyac sox al lis sensfenlzenl saic beenh lis.**

汇款需要你本人身份证才能办。

汇款需要你本人身份证先可以办。

⑱ **Yenc hangc kax lieeux kenp, yongc gual sic?**

银行卡弄丢了，怎么挂失？

银行卡整唔见咗，点挂失？

19 **Nyac suil lail xiv zonx xangv, il xuh touk xangv.**

你最好是转账，一会就到账了。

你最好系转账，一阵就到账喇。

20 **Mac fanc bangl yaoc wanh yac begs linc sinc.**

麻烦给我换200元的零钱。

唔该同我换200蚊散纸。

21 **Xeenh naih cunc dingl qis lis lil lic xiv yeenp?**

现在存定期的利率是多少？

而家存定期嘅利率系几多？

22 **Dail konx lil xic taik pangp kenp, gueec fac sonl.**

贷款利息太高了，不合算。

贷款利息太高喇，唔化算。

23 **Nenl Yenc hangc naih lis fuc wul lail.**

这个银行的服务态度很好。

呢间银行嘅服务态度好好。

24 **Aih bail yenc hangc meec yeenp xail?**

这里去银行有多远？

呢度去银行有几远？

25 **Ul wangx zonx xangv wangp bieenh.**

网上转账很方便。

网上转账好方便。

26 **Aol yangh guangx sinc weex mangc?**

取这么多钱干什么？

攞咁多钱做咩啊？

27 **Meex biingc banx dongc yaoc yanl sinc.**

有朋友问我借钱。

有朋友问我借钱。

28 **Linc sinc kox yix bail yenc hangc wanh.**

零钱可以去银行换。

散纸可以去银行换。

29 **Yaoc nyaoh yenc hangc nal dool jas nyac.**

我在银行门口等你。

我喺银行门口等你。

30 **Yenc hangc xeenh naih xal dol kenp.**

银行现在都关门了。

银行而家都闩咗门喇。

学单词 Wox meel siih

侗语	普通话	粤语
yenc hangc	银行	银行
cunc zeec	存折	存折

续表

侗语	普通话	粤语
Gongs hangc	工行	工行
Nongc hangc	农行	农行
Xinl yongl seel	信用社	信用社
beenh kax	办卡	办卡
cunc sinc	存钱	存钱
aol sinc	取钱	攞钱
wik sinc	汇款	汇款
dail konx	贷款	贷款
jax sinc	假钱	假钱
linc sinc	零钱	散纸
jiv sinc	寄钱	寄钱
xal meec	剩余	剩余
lil xic	利息	利息
pangp	高	高
temk	低	低
renl xens	小心	小心
zonx xangv	转账	转账
soux suc feil	手续费	手续费

十七、居家
NYAOH YANC

学句子 Hop xeiv sungp

01 **Jenc lis kenp nap! nuv nuv yeenp dieenx kenp!**

该起床了！看看都几点啦！

要起身喇！睇下都几点喇！

02 **Jenc yangh semp, nyac yuv bail oup?**

起这么早，你要去哪里？

起咁早，你要去边啊？

03 **Nyac sot dol meex yangc?**

你锁门了吗？

你锁门未啊？

04 **Bens biegs, meec mangc jil lis gueec?**

好饿，有什么吃的吗？

好肚饿，有冇嘢食啊？

05 **Nouc lis nuv yaoc lis yoc xip gueec?**

谁看见我钥匙了吗？

有冇边个见到我条锁匙啊？

06 **Deic yaoc soux jis saip yaoc hah.**

拿我手机给我一下。

攞我部手机畀我。

07 **Gaos nyemv yaoc gueec map yanc jil oux genp.**

晚上我不回家吃饭了。

晚黑我唔翻屋企食饭喇。

08 **Mas, yaoc xonv map kenp.**

妈，我回来了。

阿妈，我返嚟喇。

09 **Eip dol saip yaoc hah, yaoc lamc deic yoc xip kenp.**

给我开一下门，我忘带钥匙了。

同我开下门，我唔记得带锁匙啊。

10 **Yaoc jas gueec nyaoh yanc?**

我爸不在家？

我阿爸唔喺屋企？

11 **Oux weex lail meex yangc?**

饭做好了吗？

饭煮好未啊？

12 **Yaoc gueec eiv xux duix.**

我不喜欢洗碗。

我唔中意洗碗。

13 **Nyac nyaoh yanc weex mangc?**

你在家干什么？

你喺屋企做咩啊？

14 **Benl naih nyaoh yanc nak il wenl.**

今天在家睡了一天。

今日喺屋企瞓咗一日。

15 **Yaoc nyaoh yanc sav dus.**

我在家洗衣服。

我喺屋企洗衫。

16 **Nongt xonv map yangh weep?**

怎么回来这么晚？

做咩咁夜翻嚟？

17 **Bangl yaoc bail aol hah kuail dil.**

帮我去取一下快递。

帮我去攞下快递。

18 **Weik map jil oux, mal luh liak kenp nap!**

快来吃饭，菜都冷啦！

快啲嚟食饭，餸都冻喇！

19 **Nyaoh yanc gueec xiv jil xuh xiv nak.**

在家除了吃就是睡。

喺屋企除咗食就系瞓。

20 Haip xiv nyaoh yanc lail ax!

还是在家好哇！

都系喺屋企好啊！

21 Yaoc soux jil leih?

我手机呢？

我手机呢？

22 Nyunt nuv il soux jis.

少看点手机。

睇少啲手机。

23 Daih benl xic wox dic youc xiv, mangc gueec weex.

整天只知道打游戏，什么都不做。

成日净系识得打机，咩都唔做。

24 Yaoc bail lax, mas.

我走了，妈妈。

我行喇，阿妈。

25 Beex lanc genl yoc xip.

别忘了带钥匙。

唔好唔记得带锁匙。

26 Yaoc wox lis kenp, mas.

我知道了，妈妈。

我知喇，阿妈。

27 **Benl naih gangs noup xonv map?**

今天什么时候回来？

今日几时翻嚟？

28 **Niv nyongl daih nyemv luh gueec ngut.**

昨晚一晚没睡好。

寻晚成晚冇訓好。

29 **Yaoc bail nak kenp, nyac semp il nak.**

我睡觉去了，你早点睡。

我去瞓觉喇，你早啲瞓。

30 **Jiv nyenh xal dengl.**

记得关灯。

记得闩灯。

学单词 Wox meel siih

侗语	普通话	粤语
semp	早	早
weep	晚	晚
lamc	忘	唔记得
pieik	近	近
waih	坏	坏（物）
bangl	帮	帮

续表

侗语	普通话	粤语
dems	关	关
weex	做	做
wil	火	火
dieenl	电	电
jenc map	起床	起身
jil oux	吃饭	食饭
us bail	出去	出去
xonv map	回来	翻嚟
yoc xip	钥匙	锁匙
eip dol	开门	开门
sot dol	锁门	锁门
xux duix	洗碗	洗碗
saot dih	扫地	扫地
xut yanc	看家	睇屋

十八、山上
OC DAS

学句子 Hop xeiv sungp

01 Oc dah meec guangx songl lail jil lis wok.

山里有很多好吃的东西。

山入便有好多好食嘅嘢。

02 Oc das lis wap haok eip kenp, baic sic xiv haok.

山上的花都开了，漂亮得很。

山上面嘅花都开晒喇，好靓㗎。

03 Oc das leic lemc, beex mangx lioh wil.

山里风大，别乱玩火。

山入便风大，唔好乱玩火。

04 Benl naih bail das weex mangc?

今天去坡上干什么？

今日去坡上面做咩啊?

05 Yaoc dongc yaoc ongs bail deev jedl.

我和爷爷去砍柴。

我同阿爷去斩柴。

06 Yangh jaol bail weeul sangp want bail?

要不我们去挖折耳根去？

不如我哋去挖鱼腥草？

07 Benl naih jabv lis il woiv lis maoc ladt.

今天捡得一背兜的毛板栗。

今日执咗成袋风栗。

08 Nyac touk oup denl lis yangh guangx nangc?

你到哪里摘得那么多的笋子？

你去边度掘到咁多笋？

09 Ul meix lis yangc mic xot lail xiv kenp.

树上的杨梅都熟了。

树上嘅杨梅熟晒喇。

10 Xeenh naih xeenv xiv aol ac lis xip houk.

现在正是采菌子的时候。

而家啱好系摘蘑菇嘅时候。

11 Aih xiv nouc lis das? yangh lail meix beens.

这是谁的山？这么多杉树。

呢度系边个嘅山？咁多杉树。

12 Dongc jenc naih bens dous ap!

这山路真陡啊！

条山路真系斜啊！

⑬ Juc yav laox nyac lail dal xiv.

那丘大田，有很多鱼。

嗰块田，有好多鱼。

⑭ Oc das eiv meec suic , yuv renl xens.

山上有蛇，要小心。

山上面有蛇，要小心。

⑮ Qamt kenp das, seil lail deic meix eip kenp.

走山路，最好拿根棍子开路。

行山路，最好攞条棍开路。

⑯ Xeenh naih haip meec laiv gueec?

现在还有野猪吗?

而家仲有冇野猪啊?

⑰ Yip naih doc laiv yuh guangx map kenp.

最近野猪又多了起来。

呢排野猪又多咗起身。

⑱ Wangh xenh oc das meec doc naov,xeenh naih nyunc kenp.

以前山上有竹鼠，现在越来越少了。

以前山上面有竹鼠，而家越嚟越少喇。

⑲ Jis benl gav dic lis il loc longl yangc.

前几天打到了一只野兔。

前几日捉到咗一只野兔。

20 Qak das wic laiv,lis nuv lis luh haok meec benh.

上山打猎，见者有份。

上山打猎，见者有份。

21 Meec lis yangx xeenp xiv baox ful dongl wul, dic weenk fac lis.

有的野兽是保护动物，打了犯法。

有啲野兽系保护动物，捉咗犯法。

22 Qak das bail enh nyangt.

上山去割草。

上山去割草。

23 Gangh jenc gav haok xiv wap.

那片山全是花。

嗰片山全部都系花。

24 Oc gav meec yeenp guangx mal ius.

那里有很多蕨菜。

嗰边有好多蕨菜。

25 Maoh dous laol xangp kenp.

他被马蜂蜇了。

佢畀马蜂针咗。

学单词 Wox meel siih

侗语	普通话	粤语
oc das	山里	山里面
weex ongl	干活	做嘢
deev jedl	砍柴	斩柴
denl ac	采菌	采蘑菇
aol demh	摘菍	摘菍
mal ius	蕨菜	蕨菜
nangc	笋子	笋
sangp want	折耳根	鱼腥草
wap	花	花
nyangt	草	草
wic laiv	打猎	打猎
kuap wic nanx	猎狗	猎狗
doc laiv	野猪	野猪
longl yangc	山羊	山羊
doc naov	竹溜	竹溜
suic	蛇	蛇
memx	老虎	老虎
nyot	鸟	雀
xongk	枪	枪
meix	树	树

十九、农活
ONGL YAV

学句子 Hop xeiv sungp

01 **Jaol aih haok xiv dos oux yav.**

我们这里主要种水稻。

我哋呢度主要种禾。

02 **Xeenh naih haok us bail dax gongs, nyunc enc nyaoh yanc sah yav.**

现在都出去打工了，在家种田的很少了。

而家出晒去打工喇，喺屋企种田嘅好少喇。

03 **Xaop lis yav das gail gueec?**

你们的田地远吗？

你哋嘅田地远唔远？

04 **Nyinc naih lail oux gueec?**

今年收成怎么样？

今年收成点啊？

05 Nyinc naih soc laox hox, dos mangc luh gueec lail.

今年干旱，种什么都不好。

今年干旱，种咩都唔好。

06 Jaol aih il linc siv jiv luh lail yangc xenp.

我们这一年四季都好收成。

我哋呢度一年四季都好收成。

07 Oc yanc haip sah yav gueec?

家里还种田吗？

屋企仲种唔种田啊？

08 Yuv bail dos yangc yuv.

要去种洋芋。

要去种薯仔。

09 Lemp yak touk, yuh jens ongl map lap.

快栽秧了，又要开始忙了。

就嚟插秧喇，又要忙喇。

10 Yac benl naih dic oux dunl laox hox.

这两天打谷子太热了。

呢两日割禾收谷太热喇。

11 Nyinc naih guangx nuic, jeis sac luh bail kenp langv sinc.

今年虫太多，光买农药就花了好多钱。

今年虫太多，净系买农药就使咗好多钱。

⑫ **Oc yav dos meec yeenp guangx lis lianh hoc mal.**

田里种了很多辣椒和菜。

田入边种咗好多辣椒同菜。

⑬ **Nyac haip meex yangc xup ongl ah?**

你还没有下班啊?

你仲未有落班啊?

⑭ **Dos bav yeenl enk xiv, gueec xonh sinc.**

种烟草很辛苦，不挣钱。

种烟草好辛苦，唔搵钱。

⑮ **Nyinc naih sangx loc muk dah nyinc.**

今年养个猪过年。

今年养只猪过年。

⑯ **Doc weix muk naih yuh dangl il lous lax muk.**

这只母猪，又生了一窝猪仔。

呢只猪乸，又生咗一窦猪仔。

⑰ **Meix benl gaos yedl luh yuv enh nyangt dos doc.**

每天早上都要割草喂牛。

日日朝早都要割草喂牛。

⑱ **Songk yop haip yuv bail aol mal muk.**

放学了还要去打猪菜。

放咗学仲要去打猪菜。

19 Nyac dos oux aiv meex yangc?

你喂鸡了没?

你喂咗鸡未啊?

20 Bul enc naih weex ongl bens jenc jeenh.

这个人干活很勤快。

呢个人做嘢好勤力。

21 Maoh lis yav haok laemp kenp.

他的秧全部栽完了。

佢嘅秧全部插晒喇。

22 Jis neix nyaoh denl mal muk.

那几个妇女在打猪菜。

啲几个妇女割紧猪菜。

23 Jis benl naih xeenv yangh dic oux.

这几天正在打谷子。

呢几日割紧禾收紧谷。

24 Sedl wedx banv songk nemx aol dal.

七月半放水捉鱼。

七月半放水捉鱼。

25 Maoh benl benl bail nuv nemx yav.

他天天去看田水。

佢日日去睇田水。

学单词 Wox meel siih

侗语	普通话	粤语
oc yangp	乡下	乡下
weex ongl	干活	做嘢
dos yav	种田	种田
lemp yav	栽秧	插秧
dic oux	打谷	割禾收谷
weeul jenc	挖土	挖泥
dos mal	种菜	种菜
enh nyangt	割草	割草
dabs maoc	挑粪	担屎担尿
dos maoc	施肥	施肥
yangc xenp	收成	收成
jenc jeenh	勤快	勤力
sangx muk	养猪	养猪
songk doc	放牛	放牛
dos aiv	喂鸡	饫鸡
deev jedl	砍柴	斩柴
jons muk	猪圈	猪栏
mal muk	猪菜	猪菜
eenl muk	猪食	潲水
nemx yav	田水	田水

二十、民族
MINC CUC

学句子 Hop xeiv sungp

01 Jaol zongs gueec meec ngox xis liot nenl minc cuc.

我们中国有56个民族。

我哋中国有56个民族。

02 Xaop aih haok meec mangc minc cuc?

你们这里都有哪些民族？

你哋呢度都有边啲民族？

03 Aih meec miiul、geml、suix cuc、bul yis cuc、gax.

这里有苗族、侗族、水族、布依族、汉族。

呢度有苗族、侗族、水族、布依族、汉族。

04 Geml nyaoh Guiv xul、Fuc nanc、Guangx xis jis nenl senx.

侗族分布在贵州、湖南、广西等省。

侗族分布喺贵州、湖南、广西等省份。

05 Geml meec samp begs dah wanh enc, guiv xul seil guangx.

侗族有300多万人口，贵州最多。

侗族有300多万人口，贵州最多。

06 Nyac xiv nenl minc cuc noup lis?

你是哪个民族的？

你系边个民族㗎？

07 Yaoc jas xiv miiul, yaoc mas xiv geml.

我爸是苗族，我妈是侗族。

我阿爸系苗族，我阿妈系侗族。

08 Maoh xiv gueec xiv geml?

她是不是侗族？

佢系唔系侗族？

09 Nyac wox xeiv geml gueec?

你会说侗话吗？

你识唔识讲侗话啊？

10 Yaoc xiv geml, gueec wox xeiv sungp geml kenp.

我是侗族，但不会说侗话了。

我系侗族，但系唔识讲侗话喇。

⑪ Gueec wox xeiv, wox xangl kap il.

不会说，但听得懂一些。

唔识讲，但系听得明一啲。

⑫ Yaoc dongc yaoc naih wop lis sungp geml.

我跟我奶奶学的侗话。

我同我阿嫲学嘅侗话。

⑬ Dil wangp gueec dongc , xeiv sungp gueec taik dongc.

地方不同，说的侗话不太一样。

地方唔同，讲嘅侗话唔多一样。

⑭ Nyac xiv oup lis geml?

你是哪里的侗族?

你系边度嘅侗族?

⑮ Nyac wox gueec wox xangk al geml?

你会不会唱侗歌?

你识唔识唱侗歌?

⑯ Xaop xangk lis al geml bens lail yingk!

你们唱的侗歌真好听!

你哋唱嘅侗歌真系好听!

⑰ Al laox us mingc xiv, xangk us gueec wail bail.

侗族大歌很出名，都唱到国外去了。

侗族大歌好出名，都唱到国外喇。

⑱ Geml lis xeec dangl penk penk.

侗家的油茶香喷喷。

侗家嘅油茶香喷喷。

⑲ Geml meec gueec lis semt、gueec lis dal lis xic guanl.

侗族有“不离酸、不离鱼”的习惯。

侗族有“唔嚟酸、唔嚟鱼”嘅习惯。

⑳ Geml meec samp songl baox, beengc louc、jiuc wap、al laox.

侗族有三宝，鼓楼、风雨桥、侗族大歌。

侗族有三宝，鼓楼、风雨桥、侗族大歌。

㉑ Geml lis yanc haok xiv yanc meix lis guangx.

侗家人的房子多是木房。

侗家人嘅屋多数系木屋。

㉒ Benl mos jaol bail Saov nuv nuv.

明天我们去肇兴侗寨看看。

听日我哋去肇兴侗寨睇睇。

㉓ Geml eiv dos al .

侗族人爱唱歌。

侗族人中意唱歌。

24 **Lax miegs geml bens lail wul.**

侗族姑娘真好看。

侗族姑娘真系好睇。

25 **Jaol aih meec das yuh meec nemx.**

我们这里有山有水。

我哋呢度有山有水。

26 **Nyac lis sungp geml xeiv lis lail.**

你的侗话讲得不错。

你嘅侗话讲得唔错。

27 **Yaoc meec wul biingx banx miiul.**

我有一个朋友是苗族。

我有一个朋友系苗族。

28 **Dih wangp jaol geml guangx.**

我们地方侗族多。

我哋呢度侗族多。

29 **Geml lis dal wadl lail jil.**

侗族的腌鱼很好吃。

侗族嘅腌鱼好好食。

30 **Mungh xaop yuh map Guiv xul Qeenc dongs nanc.**

欢迎你们再来贵州黔东南。

欢迎你哋再嚟贵州黔东南。

学单词 Wox meel siih

侗语	普通话	粤语
sungp	话	说话
xeiv	说	讲
xangh	像	似
semt	酸	酸
xeec	油茶	油茶
siic	糍粑	糍粑
bieenl nyal	河边	河边
loc houl	落后	落后
luc sens	芦笙	芦笙
bic bac	琵琶	琵琶
minc cuc	民族	民族
geml	侗族	侗族
miiul	苗族	苗族
gax	汉族	汉族
nyinc geml	侗年	侗年
beengc	鼓楼	鼓楼
al geml	侗歌	侗歌
jiuc wap	风雨桥	风雨桥
samp wedx samp	三月三	三月三
liogc wedx liogc	六月六	六月六

侗族族源 Geml dah oup map

侗族自称geml，由古代百越族群发展而来。侗族先民在先秦文献称“黔”或“黔首”，唐宋时期称“峝”或“峒民”，明清以来称为“僚人”、“洞蛮”或泛称为“夷人”，民国时期称为侗族，中华人民共和国成立以后确定为少数民族。

2021年全国人口普查统计的侗族人口为3495993人。侗族主要分布在贵州省黔东南苗族侗族自治州黎平县、从江县、榕江县、天柱县、锦屏县、剑河县、三穗县、镇远县、岑巩县以及铜仁市玉屏侗族自治县、万山区，湖南省新晃侗族自治县、会同县、通道侗族自治县、芷江侗族自治县、靖州苗族侗族自治县，广西壮族自治区三江侗族自治县、龙胜各族自治县、融水苗族自治县，湖北省恩施土家族苗族自治州等地。

二十一、婚姻
AOL EEV

学句子 Hop xeiv sungp

01 Nyac dangl eel meex yangc?

你结婚了吗？

你结咗婚未啊？

02 Maoh samp xis linc haip meex yangc aol maix.

他30岁了，还没娶媳妇。

佢30岁喇，仲未娶老婆。

03 Nyac gos meec nuix pongc youx gueec?

你哥有女朋友吗？

你阿哥有冇女朋友啊？

04 Yaoc haip nyaoh niv,gueec liangp jeec fens.

我年纪还小，还不想结婚。

我年纪仲细，仲唔想结婚。

05 Nyac eiv songl mangc lis?

你喜欢什么样的？

你中意咩样嘅？

06 **Xaop gangs noup beenh kuaot? dongc yaoc xeiv hah.**

你们什么时候办酒？和我说一声。

你哋几时摆酒？同我讲声。

07 **Maoh yac bul xiv nyaoh wanv wanh dax gongs wox meel lis.**

他们两个是在外面打工认识的。

佢哋两个系喺出便打工识嘅。

08 **Yak wox meel yac mianl xuh jeec fens kenp.**

刚认识两个月就结婚了。

啱啱识两个月就结咗婚。

09 **Maoh laox liees eev meex yangc?**

他家姑娘嫁人了没？

佢个女嫁咗人未啊？

10 **Oc xaih yangh naov reec, xiv meec mangc haox siv?**

村里好热闹，有什么喜事？

村入便好热闹，有咩喜事？

11 **Maoh yanc mianl lenc jup samp eev laox yedx.**

他家下个月初三，嫁姑娘。

佢屋企下个月初三，嫁女。

⑫ **Qingk baov, lax saox yanc lail sinc xiv.**

听说，新郎家很有钱。

听讲，新郎屋企好有钱。

⑬ **Maoh jeec fens nyac yuv sunx yeenp lis lix?**

他结婚你要送多少钱？

佢结婚你要俾几多钱？

⑭ **Maoh yanc beenh kuaot map guangx egt xiv.**

他们家办酒，来的客人很多。

佢哋屋企摆酒，嚟咗好多客。

⑮ **Bul maix meik naih bens lail wul!**

新娘子好漂亮啊！

新娘子好靓啊！

⑯ **Maoh il lil danl xenp.**

他一辈子单身。

佢一世单身。

⑰ **Maoh yanc yuh lis wul lax kuanp.**

他们家又添了一个孙子。

佢哋屋企又添咗个孙。

18 **Wangh xenh oc xaih lis laox yueenl xis ngox liogc nyinc xuh eev kenp.**

以前村里的女孩十五六岁就嫁人了。

以前村入便嘅女仔十五六岁就嫁人喇。

19 **Nuv oup meec hoc xiv lis, bangl gail saol wul.**

看哪有合适的，帮介绍一个。

睇边度有啱嘅，帮手介绍个。

20 **Maoh yac bul jeec fens saic il linc xuh lic fens kenp.**

他俩结婚才一年就离婚了。

佢哋两个结婚先一年就离咗婚。

21 **Maoh xiv yaoc maix(oc yanc).**

她是我爱人。

佢系我爱人。

22 **Maoh meec sanp lax.**

他有3个小孩。

佢有3个细路。

23 **Maoh yac enc laox bens lail.**

他俩夫妻感情很好。

佢哋夫妻感情好好。

24 Xaop jeec fens yeenp jangl kenp?

你们结婚多久了?

你哋结咗婚几耐喇?

25 Jaol jeec fens lis yac nyinc kenp.

我们结婚两年了。

我哋结咗婚两年喇。

26 Maoh yanc enc yongc yangh?

他的家人怎么样?

佢嘅屋企人点啊?

27 Dongc enc laox weex yenp nyaoh gueec?

和父母一起住吗?

同父母一齐住啊?

28 Maoh yac bul lic fens kenp.

他们已经离婚了。

佢哋已经离咗婚喇。

29 Maoh yac bul xinl bik lis map.

他俩很般配。

佢哋两个好登对。

30 Maoh yanc yuv yeenp sinc?

她们家要多少彩礼?

佢哋屋企要几多彩礼?

学单词 Wox meel siih

侗语	普通话	粤语
yanc	房子	屋
lax	孩子	细路仔，细路女
sank	伞	遮
laox wanl	男	男
laox liees	女	女
yeml	邀请	邀请
danl xenp	单身	单身
wanp nyit	高兴	开心
xeiv maix	说媒	讲亲事
monx mianl	满月	满月
jeec fens	结婚	结婚
beenh kuaot	办酒	摆酒
lix sinc	礼金	礼金
xup lix	收礼	收礼
maix meik	新娘	新娘，新娘子
lax saox	女婿	女婿
aol maix	娶媳妇	娶老婆
eev laox liees	嫁姑娘	嫁女
caic lix sinc	彩礼钱	彩礼钱
jil kuaot	吃喜酒	饮喜酒

侗族婚俗 Geml aol eev

侗族青年男女恋爱自由。南北部侗族恋爱社交活动地点不同，北部地区通常是白天在坡上进行，称为“玩山”“赶坳”。南部地区通常是晚上在家中进行，男方称“走寨”，女方称“坐夜”，即通常说的“行歌坐夜”。

侗族结婚一般要经过说亲、吃篮子、讨八字、迎娶等过程。20世纪五六十年代以前，流行姑舅表婚，姑妈家的女儿要优先嫁给舅家为媳。女子婚后有“不落夫家”的习俗，婚后新娘即返回娘家，逢农忙、节日等，接回夫家数日后又返回娘家，直至怀孕生子后才长住夫家。小广寨古老的十月头卯迎新娘集体婚礼习俗相传至今已有数百年历史。

二十二、亲属
SENP NYENC

学句子 Hop xeiv sungp

01 Nyac yanc meec yeenp bul enc?

你家有几个人？

你屋企有几个人？

02 Jas、mas、gos haip meec yaoc siv bul.

爸妈，哥哥和我四人。

爸爸妈妈，阿哥同我四个人。

03 Nyac meec yeenp jongx longx?

你有几个兄弟姐妹？

你有几个兄弟姊妹？

04 Yaoc xiv lax tot.

我是独生子。

我系独生仔。

05 Maoh xic meec jas, maoh mas gueec nyaoh kenp.

他只有爸爸，妈妈不在了。

佢系得阿爸，阿妈过咗身。

06 **Gongs naih luh dongc jaol nyaoh.**

爷爷奶奶和我们住在一起。

爷爷嫲嫲同我哋住埋一齐。

07 **Nyac enc laox xiv weex mangc lis?**

你父母是做什么工作的?

你父母系做咩工㗎?

08 **Maoh yac bul luh duik xius nyaoh yanc.**

他们都退休在家。

佢哋都退咗休喺屋企。

09 **Yaoc gos xiv eeuv yop lis, yaoc xeex xiv nuv bingh lis.**

我哥是老师，我姐是医生。

我阿哥系老师，我家姐系医生。

10 **Nyac ngav haip nyaoh dos leec gueec?**

你妹妹还在上学吗?

你细妹仲翻紧学啊?

11 **Nyac nongx yeenp nyinc?**

你弟弟多大了?

你细佬几大喇?

12 **Yaoc jas ngox xis linc, biix yaoc mas leic yac nyinc.**

我爸50岁，比我妈大两岁。

我阿爸50岁，大我阿妈两岁。

⑬ **Yaoc nais jus xis linc touk, haip enh jeenh xiv.**

我奶奶快90岁了，身体还很好。

我嫲嫲就嚟90岁喇，身体仲好好。

⑭ **Yaos gaos gongs nyenc weel gueec nyaoh kenp.**

我外公去年去世了。

我公公旧年过咗身。

⑮ **Yaoc meec yac bul jul, maoh eep luh meec sinc guangx.**

我有两个舅舅，他们都很有钱。

我有两个舅父，佢哋都好有钱。

⑯ **Xaop yac bul xiv senp nyinc gueec?**

你俩是亲戚吗？

你两个系亲戚啊？

⑰ **Xaop laox jas xiv oup lis?**

你老家是哪里的？

你乡下系边度㗎？

⑱ **Yaoc maix xiv guiv xul lis.**

我媳妇是贵州的。

我老婆系贵州嘅。

⑲ **Yaoc nongx yaih xiv yaih, xuh xiv meec il sadl.**

我弟弟很聪明，就是有点懒。

我细佬好醒目，就系有啲懒。

20 Ongs meec ngox jongx, meec yac bul gueec nyaoh kenp.

爷爷有5个兄弟，有两个已经过世了。

阿爷有5个兄弟，有两个已经过咗身喇。

21 Jaol xiv il yanc enc.

我们是一家人。

我哋系一家人。

22 Yaoc jas mas bail dax gongs, ongs nais daiv yaoc.

我父母去打工了，爷爷奶奶带我。

我父母去咗打工，爷爷嫲嫲凑我。

23 Nais meix benl sunx yaoc qak yop.

奶奶每天送我上学。

嫲嫲日日送我翻学。

24 Yaoc lis lax xiv dal xoc sengs.

我儿子是大学生。

我个仔系大学生。

25 Juc eiv jaol xiv.

舅舅很喜欢我们。

舅父好中意我哋。

26 Dah nyinc yuv bail qamt senp nyinc.

过年要去走亲戚。

过年要去行亲戚。

27 Bul naih xiv yaoc eis.

这个是我的姐姐。

呢个系我家姐。

28 Yaoc ongs nais luh wox xangk al geml.

我爷爷奶奶都会唱侗歌。

我爷爷嫲嫲都识唱侗歌。

29 Maoh yanc senp nyinc guangx.

他们家亲戚很多。

佢哋屋企亲戚好多。

30 Xaop ah benl map yaoc yanc jil oux.

大家改天来我家吃饭。

大家第日嚟我屋企食饭。

学单词 Wox meel siih

侗语	普通话	粤语
yanc	家	屋企
ongs	爷爷	爷爷，阿爷
nais	奶奶	嫲嫲，阿嫲
bux	爸爸	老窦，阿爸
neix	妈妈	老母，阿妈
gos	哥哥	阿哥

续表

侗语	普通话	粤语
xeex	姐姐	家姐
nongx	弟弟	细佬
ngav	妹妹	细妹
lax	儿子	仔
senp nyenc	亲戚	亲戚
enc laox	父母	父母
jongx longx	兄妹	兄妹
lax saox	女婿	女婿
liat、maix	媳妇	老婆
gaos gongs	外公	公公
gaos boc	外婆	婆婆
lax danp	孙子	孙仔
lax uns	小孩	细路
lax dot	独生子	独生子

二十三、饮酒
JIL KUAOT

学句子 Hop xeiv sungp

01 **Nyemv naih map yaoc yanc jil kuaot!**

今晚来我家喝酒！

今晚嚟我屋企饮酒！

02 **Yaoc yanc meec lemc kuaot yangc mic.**

我家有坛杨梅酒。

我屋企有埕杨梅酒。

03 **Benl nyungl lis kuaot luh haip meex yangc dah.**

昨天的酒都还没醒。

琴日嘅酒都仲未醒。

04 **Kuaot naih xiv kuaot mangc? yangh wul dangl!**

这是什么酒？好香啊！

呢啲系咩酒？好香啊！

05 **Aih xiv kuaot oux jos, sox al xeeup lis.**

这是糯米酒，自家酿的。

呢啲系糯米酒，自己浸嘅。

06 **Benl nyung xeeup il kuaot haok nyenl lioul lieeux.**

昨天烤的米酒全都糊了。

琴日烧嘅米酒全部燶晒。

07 **Nyac jil kuaot gueec?**

你喝酒吗?

你饮唔饮酒啊?

08 **Maoh yic lieeux luh gueec jil kuaot.**

她从来都不喝酒。

佢从嚟都唔饮酒。

09 **Yaoc il yuv eip xap, yaoc gueec jil kuaot.**

我一会还要开车，我不喝酒。

我一阵仲要揸车，我唔饮酒。

10 **Aih xiv nyac lis kuaot.**

这是你的酒。

呢啲系你嘅酒。

11 **Yaoc jangl xiv gueec jil kuaot kenp.**

我好久没喝酒了。

我好耐冇饮酒喇。

12 **Map, yaoc jinv nyac yeens kuaot.**

来，我敬你一杯。

嚟，我敬你一杯。

⑬ Yaoc jil gueec daos kenp, saiv jil xuh duns lax!

我喝不了了，再喝就吐了！

我唔饮得喇，再饮就呕喇！

⑭ Yangh map jaol fac yac qonc?

要不我们来划两拳？

不如我哋嚟猜两下拳？

⑮ Jil kuaot guangx doiv sens tix gueec lail.

酒喝多了对身体不好。

酒饮多咗对身体唔好。

⑯ Nyunc jil il, nyac nuv nyac luh jangv kuaot kenp!

少喝点，你看你都醉了！

饮少啲，你睇你都醉喇！

⑰ Aox laox gav eiv jil kuaot xiv.

那老头很爱喝酒。

嗰个伯爷公好中意饮酒。

⑱ Maoh xinl jil lis kuaot.

他真能喝。

佢好饮得。

⑲ Yaoc gueec lis nuv maoh jangv dah.

我从来没见他醉过。

我从嚟都冇见佢醉过。

20 Yaoc yic jil kuaot xuh yak nas.

我一喝酒就脸红。

我一饮酒就面红。

21 Maoh meec il jangv kuaot kenp.

他有点醉了。

佢有啲醉喇。

22 Yaoc jil daik guangx kenp.

我喝得太多了。

我饮得太多喇。

23 Yaoc gueec jangv kuaot.

我没有醉酒。

我冇饮醉。

24 Maoh luh duns kenp.

他都吐了。

佢都呕喇。

25 Gav xiv yaoc jil dah suil lail lis kuaot.

那是我喝过最好的酒。

嗰系我饮过嘅最好嘅酒。

26 Yaoc xeenh naih liangp jil kuaot.

我现在想喝酒。

我而家想饮酒。

27 **Yaoc ongs eiv jil kuaot oux.**

我爷爷喜欢喝米酒。

我阿爷中意饮米酒。

28 **Xaop loux wanp jil, yaoc seenp bail.**

你们慢喝，我先走了。

你哋慢慢饮，我走先喇。

29 **Sot map!**

干杯!

饮胜!

30 **Eip xap gueec yemx kuaot yemx kuaot gueec eip xap.**

开车不喝酒，喝酒不开车。

揸车唔饮酒，饮酒唔揸车。

学单词 Wox meel siih

侗语	普通话	粤语
kuaot	酒	酒
hank	咸（度数高）	咸
sint	淡	淡
monx	满	满
yemx	喝	饮
jangv	醉	醉
nyeel	吐	呕
lioh	糊	燶

续表

侗语	普通话	粤语
fac jonc	划拳	猜拳
sot	干杯	饮胜，干杯
xeeup kuaot	酿酒	酿酒
jil kuaot	喝酒	饮酒
kuaot lail	好酒	靓酒
kuaot oux	米酒	米酒
kuaot hedk	白酒	白酒
kuaot yangc mic	杨梅酒	杨梅酒
xeens kuaot	酒杯	酒杯
wup kuaot	酒壶	酒壶
demc	坛子	埕
dah qik	过气	过气

侗族酒俗 Geml jil kuaot

侗族人用自酿的米酒招待客人。家家有美酒、户户闻酒香，自己酿酒是一种传统。自酿酒有糯米酒、高粱酒、包谷酒、红苕酒、杨梅酒等，口感独特，醇香可口。侗族人待客，有“酒满敬人，饭满侮人”“后来三杯”等说法。在侗族人家里作客，先一定要喝酒，酒一定要喝足、喝好，主人才会高兴。侗族人喝酒方式多种多样，有拦路酒、猜拳酒、转转酒、交杯酒、勾手酒、行酒令等，还有唱歌敬酒、赛歌喝酒。

二十四、来客

MAP EGT

学句子 Hop xeiv sungp

01 Benl naih yaoc yanc meec egt.

今天我家里有客人。

今日我屋企有客人。

02 Meec enc nyaoh yanc gueec?

有人在家吗?

有冇人喺屋企啊?

03 Egt map touk, weik deic oc yanc janv lail il.

客人要来了，赶快把家里收拾一下。

客人要嚟喇，快啲执拾下屋企。

04 Maoh yanc map yeenp guangx egt.

他家来了好多客人。

佢屋企嚟咗好多客人。

05 Oup map lis egt?

哪里来的客人?

边度嚟嘅客人?

06 Weik nuv, xiv nouc map kenp!

快看，看谁来了！

快的睇，睇边个嚟咗！

07 Yaoc nongx lis lax yop map kenp.

我弟弟的同学来了。

我细佬嘅同学嚟咗。

08 Bail aol dangv saip egt suiv.

去拿凳子来给客人坐。

去攞张凳畀客人坐。

09 Yuh map mac fanc xaop!

又来麻烦你们了！

又嚟打搅你哋喇！

10 Beex yangh xeiv, nyac map yaoc wanp nyit.

别那么说，你能来我很高兴。

唔好噉讲，你可以嚟我好开心。

11 Weik laos yanc map suiv!

快进家里来坐！

快的入屋嚟坐！

12 Nyac map nak? oc kenp enk gueec?

你来啦？路上累不累？

你来喇？路上攰唔攰啊？

13 **Jaol jeis meec yac biingc kuaot map saip enc laox.**

我们给老人家带了两瓶酒。

我哋带咗两支酒畀老人家。

14 **Map xuh lail kenp,haip deic mangc wok.**

来就好了，还带什么东西。

嚟就得啦，仲带咩嘢呙。

15 **Daov lenc, gueec yuv deic hok map kenp!**

下次，千万别拿东西了！

下次，千祈唔好摞嘢喇！

16 **Weik jil il kuaot panp.**

快先喝点甜酒吧。

快啲饮啲甜酒先啦。

17 **Nyac map jaol aih kox nengc gueec xic gonl bax.**

你来我们这里可能不习惯吧。

你嚟我哋呢度可能唔惯啩。

18 **Gueec lis mangc mal lail daiv nyac!**

没有什么好菜来招待你！

冇咩好餸嚟招呼你！

19 **Xaop daik eiv lail kenp!**

你们太热情（客气）了！

你哋太热情（客气）喇！

20 Suic bieenv il, xuh xangh nyaoh sox al yanc il yangh.

随便点，就像在自己家一样。

求其啲，就好似喺自己屋企嗷。

21 Jil kenp oux yanc bail.

吃完饭再走。

食完饭先走。

22 Beex weex kenp, yaoc il xuh yuv xonv bail.

别忙了，我一会就得回去。

唔使忙喇，我一阵就要翻去。

23 Juc benl naih yuv map.

舅舅今天要来。

舅父今日要嚟。

24 Benl nail yaoc yanc meec sanp xoc egt.

今天我家有3桌客人。

今日我屋企有3围台。

25 Douk yanc xuh xiv egt.

到家就是客人。

到咗屋企就系客人。

26 Nanc lis map, saiv nyaoh jis benl yant bail.

难得来，再坐几天再回去。

难得嚟，坐多几日再翻去。

27 Xaop meec ongk yeex bail jaol gav yeeuc il!

你们有空也到我们那里去玩吧！

你哋得闲都嚟我哋嗰度去玩啦！

28 Yangh xaop wanp qamt, lis ongk yuh map!

那你们慢走，有空又来！

噉你哋慢行，得闲再嚟！

29 Gueec yuv sungp kenp, xaop xonv bail!

不用送了，你们回去吧！

唔使送喇，你哋翻去啦！

30 Douk yanc dic lenp dieenl fal map.

到家了打个电话。

到咗屋企打个电话。

学单词 Wox meel siih

侗语	普通话	粤语
egt	客人	人客
nouc	谁	乜谁
suiv	坐	坐
nyaoh	住	住
nuv	探望	探
ait	感谢	多谢

续表

侗语	普通话	粤语
sav	休息	休息
yeeuc	拜访	拜访
baic sic	漂亮	靓
weex yeens	玩耍	玩
sat aiv	杀鸡	劏鸡
sabp dal	捉鱼	捉鱼
sungx egt	送客	送客
wanp qamt	慢走	慢行
ans kenp	赶路	赶路
banv kenp	半路	半路
genl wok	拿东西	攞嘢
eiv lail	好客	好客

二十五、文娱
WEEX YEENS

学句子 Hop xeiv sungp

01 Xeenh naih senl hoc lail, yeeuc lis yeex guangx songl.

现在生活好了，玩的也多了。

而家生活好咗，玩嘅都多咗。

02 Meix nyinc dah nyinc jaol xaih luh dic lanc quc biix sail.

每年春节我们村都组织打篮球。

年年过年我哋村都组织打篮球。

03 Jaol xaih xenc benl xangk yiv.

我们寨子经常唱戏。

我哋个寨成日唱戏。

04 Geml dos yees naov reec xiv, yuh xuip luc sengs yuh danc biic bac.

侗族踩歌堂很热闹，又吹芦笙又弹琵琶。

侗族踩歌堂好热闹，又吹芦笙又弹琵琶。

05 Doux neix laox nyac nyaoh weex yenp pait songl naih pait songl gav.

那群老太整天在一起聊八卦。

嗰班伯爷婆成日喺埋一齐倾八卦。

06 Nyinc naih dic doc biix sail bens lail yac haok.

今年斗牛比赛真是精彩。

今年斗牛比赛真系精彩。

07 Nenl zous moc naih weex yenp bail weex saos kaox bail!

这个周末一起去搞烧烤吧！

呢个周末一齐去烧烤啦！

08 Il wul enc deeuv il weds kuaik, dic pingc hox.

一个人凑100元，搞活动。

一个人夹100蚊，搞活动。

09 Nenl xings qis naih yaoc gueec lis ongk.

这星期我没时间。

呢个礼拜我冇时间。

10 Maoh xic yuv lis ongk xuh bail dic mac jangl bail kenp!

只要有空他就去打麻将！

一得闲佢就去打麻将！

11 Xeenh naih lis enc luh eiv dic mac jangl.

现在的人都喜欢打麻将。

而家啲人都中意打麻将。

12 Nyinc naih Guiv xul Taic jiangs lis cunsBA hox us menl dih!

今年贵州台江的“村BA”火出圈!

今年贵州台江嘅“村BA”火出圈!

13 Nyac wox gueec wox dic mungs?

你会不会炸金花?

你识唔识炸金花?

14 Map jaol samp bul doul dil zux weex yeens.

来，我们3个斗地主。

嚟，我哋3个斗地主。

15 Gueec yuv bail dux baox, bul nyac xiv xonh gueec daos sinc lis.

不要去赌博，那个是挣不了钱的。

唔好去赌，嗰个系搵唔到钱嘅。

16 Gaos nyemv bail KTV xangk al bail?

晚上去KTV唱歌去?

晚黑去KTV唱歌冇?

17 Maoh xangl al lail yingk xiv!

她唱歌超级好听!

佢唱歌超级好听!

18 Jis nyinc naih kais six liuc xingc jeeuv guangx cangc wux.

这几年农村开始流行跳广场舞。

呢几年农村开始兴跳广场舞。

19 **Maoh yac bul xiv jeeuk wux wox meel lis.**

他们俩是跳舞认识的。

佢哋两个系跳舞识嘅。

20 **Jis benl naih yuv bail dic il quc caic xingc.**

这几天要去打点球才行。

呢几日要去打下波先得。

21 **Yeenp guangx enc eiv bail yingx yeenl nuv dieenl yingx.**

好多人喜欢去电影院看电影。

好多人中意去电影院睇电影。

22 **Yaoc jas pingc sic eiv bail jiuv dal.**

我爸爸平时喜欢去钓鱼。

我阿爸平时中意去钓鱼。

23 **Xangk al weex yeens bail.**

唱歌玩去。

去唱歌玩。

24 **Dic nil xinl lail yeens.**

打雪仗真好玩。

打雪仗真系好玩。

25 **Lax uns want nyit lop max yak.**

小孩喜欢玩滑雪。

细路仔中意玩滑雪。

学单词 Wox meel siih

侗语	普通话	粤语
liangp	想	想
oul	绣	绣
souk	凑	夹
yoc	约	约
jenh	订	订
eiv	迷上	迷上
jol	声音	声，声音
lail yingk	好听	好听
map weep	迟到	迟到
zous moc	周末	周末
cous ongk	抽空	抽空
xangk yiv	唱戏	唱戏
jeeuk wux	跳舞	跳舞
wic nemx	游泳	游水
jiuv dal	钓鱼	钓鱼
dic quc	打球	打波
deeuv sinc	份子钱	礼金
dic baic	打扑克	打牌
jic xap	骑单车	踩单车
laox dih wangp	老地方	老地方

二十六、节庆
DAH JIC

学句子 Hop xeiv sungp

01 Geml haok dah jic mangc?

侗族都会过些什么节日？

侗族都会过啲咩节日？

02 Geml jic guangx, sap gueec mangc mianl mianl meec.

侗族节日多，差不多月月都有。

侗族节日多，差唔多月月都有。

03 Nyinc geml xiv jaol enc geml lis jic laox.

侗年是侗族的大节日。

侗年系侗族嘅大节日。

04 Xaop aih xiv yongc dah samp wedx samp lis?

你们这是怎么过三月三的？

你哋呢度系点过三月三嘅？

05 Dah jic, luh yuv songk doc dic beex,weex xangk al bix sail.

过节，通常都会放牛打架、搞唱歌比赛。

过节，通常都会放牛打交、搞唱歌比赛。

06 Liogc wedx liogc, jaol yuv xah pux.

六月六，我们要赛家谱。

六月六，我哋要赛家谱。

07 Dah jic ngox wedx, nyac map jaol yanc jil siic beev!

过端午节，你来我们家吃粽子吧！

过端午节，你嚟我哋屋企食粽啦！

08 Meix nyinc sedl wedx nyih xis ans Gaos Lial.

每年七月二十，高坝赶歌场。

年年七月廿号，高坝赶歌场。

09 Nyac bail seet wangc ans miiuh gueec? qingk baov naov reec xiv.

你去小广赶庙会吗？听说很热闹。

你去唔去小广赶庙会啊？听讲好热闹。

10 Nyinc naih zous qingk beenh lis longc zongl xiv.

今年州庆办得很隆重。

今年州庆搞得好隆重。

11 Benl naih dah jic, gueec saip mangx xix lak.

今天过节，不准吵架。

今日过节，唔准嘈交。

12 Benl mos bail yanc dah jic gueec?

明天回家过节吗？

听日翻唔翻屋企过节啊？

⑬ **Enc laox nav yaoc bail yanc das jic.**

父母盼我回家过节。

父母望我翻屋企过节。

⑭ **Dah nyinc map, nyaoh wanv wanh dax gongs lis luh xonv map.**

快过年了，在外面打工的人都回来了。

就嚟过年喇，喺出便打工嘅人都返咗嚟。

⑮ **Nyinc naih bail oup dah nyinc?**

今年去哪里过年？

今年去边度过年？

⑯ **Dah nyinc bail yanc lis pieeuk gueec lail jeis.**

过年回家的票不好买。

过年返屋企嘅飞唔好买。

⑰ **Doux lax nyinc naih haok xonv map yanc dah nyinc gueec?**

子女们今年都回来过年吗？

啲仔女今年都翻唔翻嚟过年啊？

⑱ **Yaoc laox yedx map sidt yaoc bail maoh gav dah nyinc.**

我女儿来接我去她那里过年。

我个女嚟接我去佢嗰度过年。

19 Nyinc naih dah nyinc sat gueec sat muk?

今年过年杀不杀猪?

今年过年劏唔劏猪?

20 Dah nyinc jaol haok nyaoh nuv wanx feil.

过年我们都在看春节晚会。

过年我哋都喺度睇春节晚会。

21 Jup sanp bail gaos boc gav qamt nyinc.

初三去外婆家拜年。

初三去婆婆屋企拜年。

22 Nyinc nyinc baiv nyinc luh lis sinc.

每年拜年都得压岁钱。

年年拜年都有利是。

23 Nyinc nyinc dah dongl ngox duh naov reec.

年年过端午节都热闹。

年年过端午节都热闹。

24 Meec lis dah ngox wedx, meec lis dah liot wedx.

有的过端午节，有的过六月六。

有啲过端午节，有啲过六月六。

25 Map dongc yaoc dah jic.

来和我过节。

嚟同我过节。

26 Dongl siup yuv songk jax.

中秋节要放假。

中秋节要放假。

27 Lax geml sadl wedx banv meec langh banv xic suc.

侗家人七月半有浪半习俗。

侗家人七月半有浪半习俗。

28 Dah nyinc yuv jongs siic hoc weex kuaot banp.

过年要打粑和做甜酒。

过年要打糍粑同整甜酒。

29 Qingc mingc xonv map xah moh.

清明回来上坟。

清明翻嚟拜山。

30 Jas dah kenp xis ngox jaol saic xonv bail.

等过完十五我们才回去。

过完十五我哋先翻去。

学单词 Wox meel siih

侗语	普通话	粤语
dah nyinc	过年	过年
dah jic	过节	过节

续表

侗语	普通话	粤语
bail yanc	回家	翻屋企
naov rec	热闹	热闹
nyinc wok	年货	年货
sat muk	杀猪	劏猪
wangh	盼望	盼
beenh	举行	举行
xangk al	唱歌	唱歌
bix sail	比赛	比赛
nyinc meik	新年	新年
baiv nyinc	拜年	拜年
sinc	压岁钱	利是
dus meik	新衣	新衫
siic beev	粽粑	粽粑
siic eenv	三月粑	三月粑
dic siic	打糍粑	打糍粑
dox wuk	灰尖粑	灰尖粑
jil baoc dangp	吃泡汤	食泡汤
dic doc	斗牛	斗牛

侗族吃新节 Geml jil oux meik

侗族节日很多，年年月月都有节日，如侗年、萨玛节、吃新节、芦笙节、社日节、祭桥节、采葛节、采桑节、牯藏节等。

吃新节，侗语称jil oux meik，一般在农历六月，小暑过后第一个卯日。当天早晨，家家忙着上酒备肉，开田捉鱼，蒸煮糯米饭，新出嫁的姑娘也挑着礼物回娘家过节。吃早饭前，先举行祭祖仪式，将三张冥纸、三个酒杯和蒸好的糯米饭、鱼、肉等祭品各三份摆在神龛前，把刚从地里摘的三棵苞谷穗放在糯米饭上，表示新米已到。接着烧纸上香、念祈福语，念完后，将敬献的三杯酒，先倒一杯在冥纸灰里，剩下两杯给在场人喝。敬祖的三棵含苞谷穗，一棵放进谷仓，表示稻谷满仓；一棵放到火塘上，预祝糯米满仓；一棵放进坛子，表示腌鱼腌肉满坛。然后，全家人面朝东方默默祈求。仪式完毕，开始吃饭喝酒。

为什么要统一朝东方？是为了避免坐得东倒西歪，因为侗族人相信，坐姿不整齐会人心不齐，祖先不高兴，田里禾苗也会乱七八糟，减产歉收。吃新节这一天，妇女不纺织，不做针线活，因为手摇纺车预示着风会把雨吹走，就不会风调雨顺。

吃新节除了祭祖祈祷丰收外，还有踩歌堂、演侗戏、斗牛、斗鸟等活动。侗族人格外好客，有“人不走不亲，桥不走要烂”的说法。吃新节那天，家家户户会请亲朋好友来做客，节日氛围浓烈。

二十七、旅游
LUIX YOUC

学句子 Hop xeiv sungp

01 Xaop aih meec dih wangp mangc lail yeens lis?

你们这里有什么地方好玩的？

你哋呢度有咩地方好玩嘅？

02 Guil xul qeenc dongs nanc, lail dih wangp!

贵州黔东南，实在太美啦！

贵州黔东南，实在太靓喇！

03 Xeenh naih Kaix Lix tongp gaos teec, wangp beenh luix youc.

现在凯里通高铁了，旅游很方便。

而家凯里通咗高铁，旅游好方便。

04 Oc dongl bail Xenp jangl xux xenp, oc xenp kox yix bail Sis binx pieeus liuc.

冬天可以去剑河泡温泉，夏天可以去施秉漂流。

冬天可以去剑河浸温泉，夏天可以去施秉漂流。

05 Xis jangs xaih miiul xiv gueec xiv yeenp us mingc lis?

西江苗寨是不是很出名?

西江苗寨系唔系好出名?

06 Gav xup gueec xup menc pieeuk?

那收不收门票?

嗷收唔收门票啊?

07 Nyac haok touk dih wangp noup yeeuc map?

你都去过哪些地方玩?

你都去过边啲地方玩?

08 Jis benl douc touk Liic pingc xaih geml Zaol xens map.

前几天到黎平肇兴侗寨来。

前几日去咗黎平肇兴侗寨。

09 Yongc jangs beengc meec nyih xis ladl cengc.

榕江鼓楼有27层。

榕江鼓楼有27层。

10 Nenl dih wangp gav yuv bail laov.

那个地方一定要去一次。

嗰个地方一定要去一次。

11 Nenl jax qis naih nyac liangp bail oup yeeuc?

这个假期你想去哪里玩?

呢个假期你想去边度?

⑫ **Liogc wedx jaol yanc yuv bail Beec jings yeeuc.**

6月我们全家要去北京旅游。

6月我哋全家都要去北京旅行。

⑬ **Yaoc yeenp liangp bail Lil bos nuv nuv.**

我也好想去荔波看看。

我都好想去荔波睇睇。

⑭ **Benl mos jaol bail oup yeeuc?**

明天我们去哪里玩?

听日我哋去边度玩?

⑮ **Xaop xiv sox al bail haip xiv dongc luix xingc seel bail?**

你们是自己去,还是跟旅行团去?

你哋系自己去，定系跟旅行团去?

⑯ **Fangc guox sul pul bul yeeuc il wenl samp begs kuaik.**

黄果树瀑布一日游300元。

黄果树瀑布一日游300蚊。

⑰ **Fangc guox sul pul bul menc pieeuk il wees beds, lax yop bonv av.**

黄果树瀑布门票是180元，学生享半价。

黄果树瀑布门票系180蚊，学生有半价。

⑱ **Meec lis luix xingc tonc haok eiv gaiv saol bail jeis wok.**

有些旅行团总是介绍你去买东西。

有啲旅行团成日介绍你去买嘢。

⑲ Aih oup meec beel teec canx lis?

这里哪里有卖特产的？

呢度边度有卖特产嚟？

⑳ Xaop Guiv xul haok meec mangc teec canx?

你们贵州都有什么特产？

你哋贵州都有乜嘢特产？

㉑ Guiv xul kuaot maoc taic lail jil xuh xiv meec il juiv.

贵州茅台酒好喝但有些贵。

贵州茅台酒好饮但系有啲贵。

㉒ Mangx jeis il teec canx daiv bail yanc.

随便买点特产带回家。

是但买啲特产带翻屋企。

㉓ Map aih luix youc lis enc henx jongc.

来这里旅游的人多。

嚟呢度旅行嘅人多。

㉔ Xip naih lail menl, lail bail luix youc.

这段时间好天气，好去旅游。

呢段时间天气好，啱去旅行。

㉕ Yaoc liangp daiv lax bail Beec jings yeeuc hah.

我想带孩子去北京玩下。

我想带仔女去北京玩下。

学单词 Wox meel siih

侗语	普通话	粤语
yeeuc	玩	玩
touk	到	到
nyal	河	河
banx	陪同	陪同
nuv	观赏	观赏
yeenv	拥挤	迫
wangp bieenh	方便	方便
baic siis	美丽	靓
lail yeens	好玩	好玩
teec canx	特产	特产
guiv xul	贵州	贵州
xaih geml	侗寨	侗寨
xaih miiul	苗乡	苗乡
bonl pieeuk	半票	半票
mieenx feil	免费	免费
enc saoh	人造	人造
yuanc six	原始	原始
pul bul	瀑布	瀑布

侗乡旅游 Xaih geml yeeuc

感受侗寨风情，一定要去贵州省黎平县肇兴侗寨，那是最大最古老的侗乡第一寨。

去了侗族地区，侗族鼓楼是必去景点。首选黎平县肇兴侗寨，五座鼓楼错落寨中，形成气势宏伟的鼓楼群。榕江鼓楼也得去看一看，那里有最高的侗族鼓楼。贵州从江县高增鼓楼、信地鼓楼，广西三江马胖鼓楼，湖南通道县阳烂鼓楼，也是不错的选择。

侗族的风雨桥也蜚声国内外。广西三江县的程阳风雨桥，贵州黎平县地坪风雨桥，湖南通道回龙桥、芷江龙津风雨桥，都是值得一看的景点。广西巴团风雨桥、龙胜县平等风雨桥，也独具风格。

到了侗乡，可以在著名的“侗歌之乡”从江县小黄侗寨、黎平县黄冈侗寨，欣赏优美的歌曲。此外，贵州榕江县的车江琵琶歌、广西三江县的侗族大歌也有着独特的文化色彩。

农历十一月初一是侗历年。在侗乡过年，会有一种不一样的浓郁的节日气氛。贵州小广侗寨人常常在农历十月第一个头卯举行集体婚礼，体现着古老而独特的风韵。

侗家的美味，有黎平、从江、榕江的腌鱼、烧鱼和牛羊瘪；凯里酸汤鱼、天柱启蒙酸菜、三穗麻鸭，味道鲜美，让人回味无穷。

二十八、通信
TONGP SENK

学句子 Hop xeiv sungp

01 Nyac gav lis youc bieens xiv yeenp?

你那里邮编是多少？

你嗰度邮编系几多？

02 Deic nyac dil zix saip yaoc, lis ongk yaoc xat senk saip nyac.

把地址给我，有空我给你写信。

将地址畀我，得闲我写信畀你。

03 Nyac bail youc juc? bangl yaoc jiv hongp senk hah.

你去邮局？帮我寄封信。

你去邮局？帮我寄封信。

04 Nyac lis kuail dil douk kenp map aol hah.

你的快递到了来取一下。

你嘅快递到咗嚟攞一下。

05 Nyac dieenl fal kongt kenp.

你电话响了。

你电话响咗。

06 Nyac haic naih dongc nouc dic dieenl fal, yic zic tongs fal zongs.

你刚才在和谁打电话？一直在通话中。

你头先喺度同乜谁打电话？一直系通话中。

07 Maoh haol max xiv gueec xiv wanh kenp, haok dic gueec tongp.

她的号码是不是换了？老打不通。

佢嘅号码系唔系换咗？成日打唔通。

08 Nyac lis dieenl fal haol max xiv yeenp?

你的电话号码是多少？

你个电话号码系几多？

09 Nyac dic dieenl fal map meec mangc siv?

你打电话来有什么事吗？

你打电话嚟有咩事啊？

10 Dic nyac soux jis,nongc haok xiv gons jis?

打你手机，怎么老是关机？

打你手机，做咩成日关机？

11 Nyac xeiv mangc, yaoc gueec lis yink lail.

你说什么？我听不清。

你讲咩？我听唔清。

⑫ **Nyac dic jaoh dieenl fal kenp.**

你打错电话了。

你打错电话喇。

⑬ **Baov maoh dic lenp dieenl fal saip yaoc.**

叫他给我回个电话。

叫佢复个电话畀我。

⑭ **Yaoc gaos nyemv yant dic dah map.**

我晚上再打过来。

我晚黑再打过嚟。

⑮ **Soux jis weex lieeux kenp bens gueec wangp bieenh.**

我手机弄丢了，真不方便。

我手机整唔见咗，好唔方便。

⑯ **Yaml nyac soux jis yaoc dic lenp dial fal ,hangt gueec?**

借你手机我打个电话，好吗？

借你手机畀我打个电话，好唔好？

⑰ **Soux jis gueec lis dieenl kenp, nyac meec gueec meec congs dieenl qil?**

手机没有电了，你有没有充电器？

手机冇电喇，你有冇充电器？

⑱ **Nyac lis soux jis xiv huac weic lis?**

你的手机是华为的吗？

你嘅手机系华为嘿？

19 Yaoc yuv beenh lenp dieenl fal kax, meec yous feil il lis taol cans gueec?

我要办个电话卡，有没有优惠点的套餐？

我要办张电话卡，有冇优惠啲嘅套餐？

20 Yaoc liangk jeis lenp soux jis, gueec lis sinc.

我想买个手机，没有钱。

我想买部手机，冇钱。

21 yaoc soux jis gueec meec sinc.

我手机欠费了。

我手机欠咗费。

22 Yuh xiv tuis xaos dieenl fal, bens fanc!

又是推销电话，真烦！

又系推销电话，真系烦！

23 Aih meec gueec meec wangx?

这里有没有网啊？

呢度有冇网啊？

24 Jaol meix benl luh sil pingc.

我们每天视频聊天。

我哋日日视频倾偈。

25 Soux jis jeis xap pieeuk xinl wangp bieenh.

手机买车票真方便。

手机买车票真系方便。

26 **Dic lenp dieenl fal saip maoh.**

打个电话给他。

打个电话畀佢。

27 **Nouc dic dieenl fal saip nyac?**

谁给你打电话?

边个打电话畀你?

28 **Map jaol al lenp weis xinl.**

来我们加个微信。

我哋嚟加个微信。

29 **Gueec yuv saiv fac xinl xic saip yaoc kenp.**

不要再给我发信息了。

唔好再发信息畀我喇。

30 **Jaol gueec yuv saiv lianc xil kenp.**

我们不要再联系了。

我哋唔好再联系喇。

学单词 Wox meel siih

侗语	普通话	粤语
dic	打	打
sidt	接	接

续表

侗语	普通话	粤语
guav	挂	报
jeis	买	买
lit	修	修
yaml	借	借
waih	坏	坏
qingk	听	听
kongt	响	响
jas	等	等
dieenl fal	电话	电话
eip jis	开机	开机
dems jis	关机	熄机
qak wangx	上网	上网
qeenl feil	欠费	欠费
eeul sinc	缴费	缴费
lail yongh	好用	好用
wangp bieenh	方便	方便
kenp nyit	事情	嘢，事情
xinl haol	信号	信号

二十九、人品
ENC PINX

学句子 Hop xeiv sungp

01 Maoh dongc nouc luh dongc lis map.

她跟谁都很好相处。

佢同边个都好易相与。

02 Bul maix naih lieec xiv, doiv enc laox lail.

这媳妇很懂事，对父母很孝顺。

呢个家嫂好生性，对父母好孝顺。

03 Nyac nuv bul lax idx naih yongc yangh?

你看这小伙子怎么样？

你睇呢个后生仔点啊？

04 Nyac xiv wul enc lail.

你是个好人。

你系个好人。

05 Yaoc gueec eiv maoh, maoh eiv konx laox.

我不喜欢他，他爱吹牛。

我唔中意佢，佢中意吹水。

06 Nyac xic wox xeiv lail, yuh gueec weex.

你光会耍嘴皮子，不做事。

你系得把口，唔做嘢。

07 Maoh xeiv sungp diuc, eiv lis soih enc.

他说话很直，经常得罪人。

佢讲嘢好直，成日得罪人。

08 Bul enc naih weenh siv wens.

这个人办事很靠谱。

呢个人做嘢好稳阵。

09 Maoh yit jangv kuaot xuh jenl dongl.

他一喝酒就发酒疯。

佢一饮酒就发酒癫。

10 Maoh eiv nyaoh eep xip lenc xeiv sungp heek.

他喜欢在背后说人家的坏话。

佢中意喺背后讲人哋坏话。

11 Bul enc naih nouv xiv, kuip il luh kuip is haok.

这人很抠，吃不得一点亏。

呢个人好孤寒，蚀少少都唔肯。

12 Maoh xiv bas muv nyenl saop, liangc senp lail.

她是刀子嘴豆腐心。

佢系刀子嘴豆腐心。

13 Bul lax naih niv niv luh senk sungp xiv.

这个孩子从小就很听话。

呢个细路自细就好听话。

14 Maoh mangc luh bangl eep sangt.

她什么都为别人着想。

佢乜都为人哋着想。

15 Maoh xongp lieec xiv, haok gueec meec banx.

她太傲气了，都没什么朋友。

佢太骄傲喇，都冇乜朋友。

16 Maoh nuv gueec lis eep lail, dus sais kat.

她见不得人家好，有坏心眼。

佢唔见得人哋好，心哋好衰。

17 Yaoc nais congc laic gueec wedt biic qik.

我奶奶从来不发脾气。

我嫲嫲从嚟唔发脾气。

18 Yaoc mas suil eiv jongc gonx xeenc siv.

我妈最爱多管闲事。

我阿妈至中意多管闲事。

19 Nyac xiv il wul senk lis dah lis enc.

你是一个值得相信的人。

你系一个值得相信嘅人。

20 Nyaoh wanv wanh yuv jenc jeenh, gueec yuv sank.

在外面要勤快，不要偷懒。

喺出便要勤力，唔好偷鸡。

21 Mac fanc siv luh yuv jongc rangh eep il.

咱们凡事都要多谦让别人点。

我哋凡事都要多忍让人哋的。

22 Us bail wanv wanh gueec yuv tant xangs yens.

出门在外不要贪小便宜。

出门在外唔好贪小便宜。

23 Bul enc naih il lih laox laox sic sic.

这个人一辈子老老实实。

呢个人一世老老实实。

24 Maoh bens yait sais.

他脾气很好。

佢脾气好好。

25 Nyac bens lail sais.

你很善良。

你好善良。

26 Maoh bens jenv xongv enc laox.

他尊重长辈。

佢尊重长辈。

27 **Maoh bens hangc bangl eep.**

他经常帮助别人。

佢经常帮人哋。

28 **Niv niv liat qemp, mah map liat jeml.**

小小偷针，大来偷金。

细时偷针，大时偷金。

29 **Nyac lis liangc semp jangs kuap jil kenp!**

你的良心被狗吃了！

你个良心畀狗食咗！

30 **Yuv weex wul enc lail.**

要做一个好人。

要做一个好人。

学单词 Wox meel siih

侗语	普通话	粤语
rangh	让	畀
dant	贪	贪
bieenk	骗	呃
sank	懒	懒
os	生气	嬲
eiv	喜欢	中意

续表

侗语	普通话	粤语
nouv	吝啬	孤寒
diuc	耿直	耿直
lail	孝顺	孝顺
jeens	精明	精
senk sungp	听话	听话
jenc jeenh	勤快	勤力
dongx siv	懂事	生性
xix lak	吵架	嘈交，嗌交
niv jik	小气	孤寒
sungp heek	坏话	坏话
enc lail	好人	好人
konx laox	吹牛	吹水
gueec wuc jenv	嫉妒	妒忌
gol nyems nyems	笑眯眯	笑口噬噬

三十、打扮
DAX WEENV

学句子 Hop xeiv sungp

01 Nyac benl naih bens baic sis.

你今天真漂亮。

你今日好靓。

02 Yenp dus geml naih weex lis lail xiv.

这身侗服装做得可真精致。

呢套侗族服装做得真系精致。

03 Dus miiul dongc dus geml meec mangc gueec dongc?

苗族和侗族的服装有什么不同?

苗族同侗族嘅服装有咩唔同?

04 Nyac sinc lis nenl bieml gaos naih yeenp lail yac lis.

你的新发型真好看。

你个新发型真系好睇。

05 **Lax idx enc bieml gaos reenx yak liangx, bens dux haok.**

年轻人头发染得红红的，很难看。

后生仔头发染到红当当，好难睇。

06 **Yaoc yangh dens lail yat gueec?**

我这样穿好看吗？

我嗽样着好唔好睇？

07 **Sens caic lail, mangx dens luh lail yat.**

身材好，随便穿都好看。

身材好，是但着都好睇。

08 **Xit naih biic langv kenp, uk luh jins kenp.**

最近长胖了，裤子都紧了。

呢排肥咗，条裤都紧咗。

09 **Maoh bens wox dax weenv.**

她很会打扮。

佢好识打扮。

10 **Luh siv xis linc, haip dens lis wap liv liangs!**

都四十多岁了，还穿得花花绿绿的！

都四十几岁喇，仲着到花哩碌嗽！

11 **Maoh il wenl yuv wanh jis tongp dus.**

她一天要换几套衣服。

佢一日要换几套衫。

⑫ **Maoh haok eiv jeis juiv lis dus.**

她老是喜欢买贵的衣服。

佢成日中意买贵嘅衫。

⑬ **Laox liees dax weenv jic map baic set xiv.**

女孩子打扮起来很漂亮。

女仔打扮起身好靓。

⑭ **Maoh dens dus eiv seenp xiv.**

他穿衣服很爱干净。

佢着衫好中意干净。

⑮ **Benl naih yuv bail nuv nuix pengc yux, yuv dens lail il.**

今天去见女朋友，要穿好一点才行。

今日去见女朋友，要着好啲先得。

⑯ **Nyac dens juc uk neml naih nuv map gueec biic.**

你穿这条黑裤子很显瘦。

你着呢条黑裤好显瘦。

⑰ **Meix dus naih leic niv xeenv hoc xiv.**

这件衣服大小正合适。

呢件衫大细啱啱好。

⑱ **Dac neix nyac lov songl nyac taik nal kenp.**

那个女人粉涂得太厚了。

嗰个女人粉搽得厚过头。

19 Haip xiv wak il zuangs nuv map idx il.

还是化一点妆看起来年轻一点。

都系化啲妆睇落后生一啲。

20 Maoh dens yeenx jingv xangh wul dal xoc sengs.

他戴眼镜像个大学生似的。

佢戴眼镜成个大学生嗷。

21 Xeenh naih lax idx enc dax weenv gueec dongc gueec qangp.

现在年轻人打扮好奇怪。

而家后生仔打扮得好古怪。

22 Aip hah pic haic, haok xiv penp.

擦下皮鞋，全都是灰。

抹下皮鞋，全部都系灰。

23 Maoh dah weenv bul nyac, enc gueec xeenk enc, jus gueec xeenk jus.

她打扮那样子人不像人鬼不像鬼。

佢打扮嗰个样人唔似人鬼唔似鬼。

24 Bail jeis lenp xenh map dens.

去买一个手镯来戴。

去买个手鈪嚟戴。

25 **Nyac bieml gaos dax nyaop, keep hah.**

你头发乱七八糟，梳一下。

你啲头发乱七八糟，梳一下。

26 **Dic bieenl sis ouv lail yat.**

扎辫子更好看。

扎辫仔仲好睇。

27 **Maoh bens eiv dax weenv.**

她很喜欢打扮。

佢好中意打扮。

28 **Yuv gueec yuv xux gaos?**

要不要洗头？

要唔要洗头？

29 **Nyac nuv yaoc lail yac gueec?**

你看我好看吗？

你睇我好唔好睇？

30 **Dax weenv yangh lail saip nouc nuv?**

打扮这么漂亮给谁看？

扮得咁靓畀边个睇？

学单词 Wox meel siih

侗语	普通话	粤语
dens	穿（戴）	着（戴）
dux	丑	丑
dus	衣服	衫
uk	裤子	裤
went	裙	裙
haip	鞋	鞋
meeuh	帽	帽
nyinc	银饰	银手饰
xenh	手镯	手鈪
amv	缝、补	连、补
dax weenv	打扮	打扮
xux nas	洗脸	洗面
qonp kap	耳环	耳环
seel	腰带	裤头带
lail yat	好看	好睇
xeenv mieenh	镜子	镜
miic dal	眉毛	眉毛
koux hongc	口红	口红，唇膏
bieml gaos	头发	头发
bieenl sis	辫子	辫仔

侗族服饰 Dus Geml

侗族的中老年人大多数穿自纺、自织、自染的衣服，色调以青、蓝、白、紫为主。北部侗族地区的服饰，外衣大多青色，右衽圆领，钭襟开扣，托肩彩色滚边，衣长至大腿中部。衣袖平手膀，袖口镶花边。腰系彩色腰带的背后有两条带幛，内衣为白色或月兰色，袖长超过外衣袖口露在手腕上。下身穿青色裤子，脚踏翘鼻绣花布鞋。

南部侗族地区的服饰较为古老、精美。女子穿无领大襟衣，衣襟和袖口镶有精细的马尾绣片。图案以龙凤为主，配以水云纹、花草纹，下着百褶裙，脚蹬翘头花鞋。髻上饰环簪、银钗，头戴盘龙舞凤的银冠，并佩戴多层银项圈和耳坠、手镯、腰系腰带等。

侗族人喜戴银饰，尤其是女子，银饰有头饰、耳饰、颈饰、胸饰、背饰、手饰、脚饰等。服饰有便装、盛装之分。平时穿便装，盛装时注重装饰审美，朴素与华贵相得益彰。姑娘盛装最为华贵，一人绣制一套侗族服装需耗时3年，服饰上盘绣图案繁多，人称“绣画”，只有侗族人才懂得其中含义。侗族服饰于2014年列入第四批国家非物质文化遗产名录。

三十一、情绪
QENC XUIL

学句子 Hop xeiv sungp

01 Weex mangc yangh wanp nyit?

什么事这么高兴?

咩事咁开心啊?

02 Benl naih bens daox meic!

今天好倒霉!

今日好黑仔!

03 Benl naih bens xiv dongs juis kenp!

今天真是遇到鬼了!

今日真系撞到鬼!

04 Yaoc meec il kop.

我有点害怕。

我有啲惊。

05 Yaoc yov sais xiv,gueec wox yongc weex lail!

我好担心，都不知道怎么办好!

我好担心，都唔知点算好!

06 Gueec lis siv mangc, wangk senp.

没有什么事，放心吧。

冇咩事，放心啦。

07 Maoh lis meeux deil kenp, maoh sangp xenp xiv.

她的猫死了，她很伤心。

佢只猫死咗，佢好伤心。

08 Nyac xeiv lis haok duiv.

你说的都对。

你讲得都啱。

09 Yaoc semp luh baov, nyac yuh gueec senk!

我早说了，你又不听！

我一早就话啦，你又唔听！

10 Yaoc xuk gueec daos nyac kenp, wenp soux!

我受不了你了，分手吧！

我顶你唔顺喇，分手啦！

11 Beex yangh houx, lail gueec?

别这么吵，好吗？

唔好咁嘈，好吗？

12 Nyac nongc yangh doul sangl!

你怎么这么讨厌！

你做咩咁衰㗎！

⑬ **Yaoc nuv nyac xangv eex xiv.**

我看你就很恼火。

我睇见你就好嬲。

⑭ **Aih haok xiv yaoc lis jaoh.**

这都是我的错。

呢啲都系我嘅错。

⑮ **Nyac weex mangc yuv yangh weex?**

你为什么要这样做?

你点解要噉做啊?

⑯ **Xuh xiv yangh wul, senk gueec senk saiv nyac.**

就是这样，信不信由你。

就系噉，信唔信由得你。

⑰ **Nyac suil lail bail dongc maoh xeiv hah.**

你最好去和他说一下。

你最好去同佢讲一下。

⑱ **Nyac nongt gonx lis yangh kont!**

你少管闲事!

你少管闲事!

⑲ **Yaoc sangl menc xiv.**

我非常恨他。

我好憎佢。

20 **Ul bail!**

出去!

出去!

21 **Mangx xeiv!**

乱说!

乱讲!

22 **Guangx sungp!**

多嘴!

多嘴!

23 **Maoh neip gueec neip xuh os.**

他动不动就发火。

佢嘟唔嘟就发火。

24 **Gol liis yav nyongc.**

笑得那么开心。

笑得咁开心。

25 **Yaoc liok xiv kenp.**

我忙到恼火了。

我做到火滚。

26 **Gonl nyac siv mangc!**

关你什么事!

关你咩事!

27 Yangh wanp nyit, jadl lis sinc nak?

这么高兴，捡到钱了？

咁开心，执到钱啊？

28 Nyac saiv yangh wul, yaoc gueec liangs nyac kenp!

你再这样，我就不管你了！

你再系噉，我就唔理你喇！

29 Nyac jenl dongl kenp gox!

你神经病了吧！

你黐咗线啊！

30 Gaos gueec nuic!

笨死！

蠢到死！

学单词 Wox meel siih

侗语	普通话	粤语
xeiv	讲	讲
doiv	对	啱
jaoh	错	错
eiv	爱	爱
sangl	恨	憎
sangt	想	想

续表

侗语	普通话	粤语
juis	鬼	鬼
os	生气	嬲
congk	冲动	冲动
wanp nyit	高兴	开心
daox meic	倒霉	黑仔
doul sangl	讨厌	衰
wangk senp	放心	放心
jouc	担心	担心
xangv eex	恼火	嬲
gop	害怕	惊
senk	相信	相信

三十二、丧葬
DEIL ENC

学句子 Hop xeiv sungp

01 **Doc oul sint, songx kop yuv deil enc.**

乌鸦叫得厉害，可能会死人了。

乌鸦叫得好犀利，可能会死人。

02 **Maoh ids map jangl laox, songp kop xuh xiv jis benl naih lis siv.**

他病了很久了，估计就这几天的事了。（恐怕是不行了）

佢病咗好耐喇，估计就呢几日嘅事喇。（睇怕系唔得喇！）

03 **Qingk xeiv maoh yanc enc laox benl nyungl gueec nyaoh kenp.**

听说他家老人昨天不在了。

听讲佢屋企个老人家寻日过咗身。

04 **Bail nal dol songk paok.**

去门口放炮。

去门口放炮仗。

05 Gueec sangt touk yangh weik.

没想到这么快。

冇谂到咁快。

06 Nyac nuv ngans paic nouc bail baov maoh douh laox liees map.

你看安排谁去通知他女儿来。

你睇安排边个去通知佢个女嚟。

07 Jas dic dieenl fal map baov, ongs gueec nyaoh kenp.

爸爸打电话来说，爷爷不在了。

阿爸打电话嚟讲，阿爷过咗身。

08 Yaoc ongs gueec nyaoh kenp, yaoc yuv qingx jax bail yanc.

我爷爷不在了，我要请个假回家。

我阿爷过咗身，我要请个假翻屋企。

09 Nyac bail xaih seet wangt qingx wul suk map.

你去小广寨请个先生来。

你去小广寨请个先生嚟。

10 Nenl dih mos naih lail, xuh xiv xaih il!

这个墓地好，就是有点远！

呢个墓地好，就系有啲远！

11 **Jis benl naih luh nyaoh maoh yanc bangl ongl, xut gaos hadl.**

这几天都在他家帮活，守夜。

呢几日都喺佢屋企帮手，睇更。

12 **Benl noup qak jenc?**

哪天上山（出殡）?

边日上山（出殡）?

13 **Sangv dos oup?**

葬在哪里?

埋喺边啊?

14 **Maoh nyac gangs noup laos egt?**

他那什么时候进客啊?

佢嗰度几时入客啊?

15 **Xaop bail sungx liix gueec? bangl yaoc daiv lenp bail.**

你们去送礼没? 帮我带个礼去。

你哋去送礼未? 帮我带个礼过去。

16 **Nyac mangx bail il sonk, yuh gueec xiv senp nyenc.**

你随便送点就行了，又不是亲戚。

你是但送啲就得啦，又唔系亲戚。

17 **Xiv nouc nyaoh jiv xangv xup liix?**

是谁在记账、收礼?

系边个记账、收礼?

18 **Nyemv naih xaop yuv bail sut anl gueec?**

今晚你们要去守夜(守灵）吗?

今晚你哋要去睇更（守灵）啊?

19 **Gueec yuv taik xangp xenp,sox al ax sangt tongp il!**

不要太伤心了，自己想开点啊!

唔好太伤心喇，自己睇开啲啦!

20 **Bul suk naih xiv dos oup qingx map lis?**

这个先生是从哪里请来的?

呢个先生系喺边度请嚟㗎?

21 **Maoh yanc lis yeenp doc muk siiv?**

他家得了几头祭猪?

佢屋企攞到几只祭猪?

22 **Maoh deil lis xip houk ngox xis linc gueec touk.**

他死的时候还不到50岁。

佢死嗰阵时仲唔到50岁。

23 **Nyinc jis qat qat xuh deil, bens kox xic.**

年纪轻轻就死了，真可惜。

年纪轻轻就死咗，真系可惜。

24 Enc deil lieeux, yuv pait mongl xangc.

人死了，要摆梦床。

人死咗，要摆梦床。

25 Maoh xiv lis bingh mangc deil lis?

他是得什么病死的？

佢系得咩病死嚟？

26 Ngans paic weeul ongt xiv jis bul nouc?

安排打井（挖墓穴）是哪几个？

安排打井（挖墓穴）系边几个？

27 Jongl enc qak das.

抬人上山。

抬人上山。

28 Suk bangl enc deil eip kenp.

先生帮死人开路。

先生帮死人开路。

29 Nouc yanc meec siv bax daih doux luh yuv bail bangl.

谁家有丧事大家都要去帮忙。

边个屋企有白事大家都要去帮手。

30 Oc xaih meec il heel nyaoh beenh siv bax.

寨上有一家人在办丧事。

寨上面有一家人做紧白事。

学单词 Wox meel siih

侗语	普通话	粤语
al	乌鸦	乌鸦
deil	死	死
quit	跪	跪
moh	坟	坟
muk	猪	猪
ngees	哭	喊
sangv	安葬	安葬
suk	祭师	祭师
wuk	护佑	保佑
enc laox	老人	老人家
songk baok	放炮	放炮仗
xut gaos hanl	守夜	睇更
laos egt	进客	入客
aiv seit	公鸡	鸡公
bangl	稻草	禾秆草
buk meix	棺材	棺材
lioh yangp	烧香	烧香
xis sinc	纸钱	纸钱
sav siul	冷清	冷清

侗族白事 Enc geml gueec nyaoh

侗族传统殡葬实行土葬。老人过世可安葬在祖上的坟山，事故或其他意外死亡，未成年夭折，则火葬或土葬于僻静荒野。贵州从江县、黎平县和湖南新晃县、通道县等地的丧葬仪式，包括报丧、装殓、哭丧、送魂、路祭、出殡、安葬、复山等过程，繁简程度视家庭经济情况而定，停柩期间，丧家一律素食。

三十三、禁忌
BEEX WEEX

学句子 Hop xeiv sungp

01 Meex yangc jil oux meik, gueec saip jil baol buc.

吃新节前，不准吃包谷。

食新节前，唔准食粟米。

02 Weeul jenc lis xip houk,gueec deic xix louc nyat dos aox ens.

挖土时，忌讳把锄头插在土里。

挖泥阵时，避忌将锄头插喺泥度。

03 Bail das meix jedl lail gueec yuv bous.

上山不要乱夸柴好。

上山唔好立乱赞啲柴靓。

04 Qak das deev jedl, gueec xenp mangx lons jenl luih das.

上山砍柴，忌往山下乱滚石头。

上山斩柴，避忌向山下边立乱掟石头。

05 Gueec xenp nyaoh dinl meix laox、eenl miiuh weex nyiuv.

忌在大树或庙边撒尿。

切忌喺大树或者寺庙边屙尿。

06 Gaos nyemv beex mangx keep gaos.

不要在深夜梳头。

唔好夜麻麻梳头。

07 Gueec xinx deic miac xiv xidv mianl.

忌讳手乱指星星月亮。

避忌只手乱指星星月亮。

08 Xoh gueec yuv xeenv nyat dos duix oux.

忌筷子竖插在饭碗里。

切忌筷子戙喺饭碗度。

09 Gueec xenp jah dah dangc wil.

禁止脚跨火塘。

禁止脚跨火塘。

10 Gueec yuv mangx suiv eep nal dol.

不要乱坐别人家的门槛。

唔好立乱坐人哋屋企嘅门槛。

11 Dic doc xip houk, gueec xenx daiv lax uns lis neix sax mol doc.

斗牛前，不准孕妇摸牛。

斗牛之前，唔准大肚婆摸牛。

⑫ Das nyinc nyemv, gueec bail eep yanc weex egt mangx nyaoh.

除夕夜，忌讳到别人家做客或投宿。

年卅晚，避忌去人哋屋企作客或者借住。

⑬ Qup yedl, gueec yeeuc xaih、saot dih、mangx youv nemx.

大年初一，不访友、不扫地、不往外乱泼水。

大年初一，唔访友、唔扫地、唔向出便乱泼水。

⑭ Jil haox siv lis xip houk, gueec yuv weex seek duix bonc.

吃喜酒时，忌打破碗碟。

饮喜酒阵时，切忌打烂碗碟。

⑮ Neix sax gueec monx mianl, gueec mangx bail eep yanc yeeuc.

妇女坐月子，忌讳到亲友家串门。

妇女坐月，避忌去亲朋戚友屋企坐。

⑯ Enc laox gueec nyaoh lis nyinc, lax gueec xenp denl mal ius、nangc.

老人去世，子女当年不能打蕨菜、打笋等。

老人家过身，啲仔啯年唔可以打蕨菜、打笋等。

⑰ Gaos moh gueec xenp mangx xeeuv xangk.

坟头不要乱拍照。

坟头唔好立乱影相。

⑱ **Bieenl menv、jiuc、liangc tingc lis meix laox gueec mangx deev.**

水井边、桥边、凉亭边的大树严禁砍伐。

水井边、桥边、凉亭边嘅大树严禁斩伐。

⑲ **Oc xaih gaos kenp dic meec nyangt baol,gueec xenp wanv wanh enc mangx laos xaih.**

寨头路口打有草标，严禁外人进寨。

寨头路口有草标，严禁外人入寨。

⑳ **Aox yanc lis dol gueec yuv dol doiv dol.**

家里面的门不要门对门。

屋企入边嘅门唔好门对门。

㉑ **Deil gueec yuv mangx xodt.**

死不要乱说。

死字唔好乱讲。

㉒ **Nyaoh yanc gueec saip xuip koux saol.**

在家不能吹口哨。

喺屋企唔可以吹口哨。

㉓ **Jil oux gueec saip eeup duix xoh.**

吃饭不能敲碗筷。

食饭唔可以敲碗筷。

24 **Us dol wanh yuv jemc neix sax keep gaos.**

出远门避开妇女梳头。

出远门要避开妇女梳头。

25 **Gueec saip meeux biiul dah enc deil ul yenp.**

忌猫越过逝者身体。

切忌猫越过死者身体。

学单词 Wox meel siih

侗语	普通话	粤语
gueec yuv	不要	唔好
gueec xenp	忌讳	避忌
meix laox	大树	大树
menv	水井	水井
liangc dingc	凉亭	凉亭
dangc wil	火塘	火塘
nal dol	门口	门口
nyangt baol	草标	草标
xidl	星星	星星
mianl	月亮	月亮，月光
mol	摸	摸
jah	跨	跨
bok	破	烂

续表

侗语	普通话	粤语
mangx	随便	随便
xeeuv xangk	拍照	影相
weex niuv	撒尿	屙尿
douh	招惹	招惹
jic lil	吉利	好意头
bous	夸奖	赞
jenl dongl	神经病	黐线

侗族草标 Geml nyangt baol

草标，是用茅草或稻草打结作为特定标记。侗族地区随处都可以看到各式各样的草标。侗族过去没有文字，往往“刻木为信，结绳记事”。草标就是侗族人的一种表达语言符号。草标的作用很大，渗透到侗族人生活的各个方面。如寨头、路口挂有草标，表示寨里有重大活动，外人暂时不得进寨子。房屋门口插有草标，示意家里有事，外人不要进来。山上堆放的木柴、竹子上放有草标，说明已有主人。林地栓有草标，示意已经封山，不准乱砍乱伐。田里插上草标，示意已播种或有鱼，不要放家禽进田，不能下田捉鱼或捞浮萍。在侗乡，凡是看到插上草标的东西，说明已有主人，就不能取用。草标还是避邪保身之物，侗族人背孩子走亲访友出远门的时候，往往在背带或小孩身上放置草标，以求一路平安。

侗语常用300词
SUNGP GEML CANGC YONGH SAMP BEGS CIC

一、代词 Dail cic

侗语	普通话
yaoc	我
nyac	你
maoh	他
jaol	我们
jaol	咱们
xaop	你们
maoh eep	他们
sox al	自己
eep	别人
daih doux	大家
aih	这
gav	那
nenl naih	这个
nenl gav	那个
nenl noup	哪个

续表

侗语	普通话
oc aih	这里
oc gav	那里
oc oup	哪里
nouc	谁
mangc	什么
yongc	怎么
weex mangc	为什么

二、衣食住行 Jil dens nyaoh yongh

侗语	普通话
xiv	是
yuv	要
meec	有
nuv	看
qingk	听
xeiv	说
kaik/sint	叫
jil	吃
jil/yemp	喝
yeeuc	玩
gidx	咬
liac	舔

续表

侗语	普通话
piiuk	吐
nyaoh	住
weex	做
eeuv	教
hop	学
deic/saip	给
deic	拿
map	来
bail	去
qamt	走
jedx	跑
benx	飞
us	出
laos	进
suiv	坐
yunl	站
xais	问
baov	告诉
eev	嫁
aol	娶
dangl	生
deil	死
ids	病

续表

侗语	普通话
dens	穿
jeis	买
beel	卖
ngees	哭
gol	笑
xux/sav	洗
dic/eeup	打
eip	开
dems	关
nak	睡
sangt	想
xeiv sungp	说话
jil oux	吃饭
jil yeenl	抽烟
jil kuaot	喝酒
bail yanc	回家
sav dus	洗衣
weex oux	做饭
xeeut mal	炒菜
weex eex	大便
weex nyiuv	小便
bieenl anl	做梦
jenc map	起床

续表

侗语	普通话
qamt kemp	走路
suiv xap	坐车
sav soh	休息
qak banl	上班
luih banl	下班
qak yop	上学

三、时间 Xip houk

侗语	普通话
nyinc	年
wedx/mianl	月
benl	日
benl naih	今天
benl nyungl	昨天
benl mos	明天
benl nas	后天
gaos wenl	白天
gaos nyemv	晚上
gaos yedl	早晨
nyinc naih	今年
nyinc weel	去年
nyinc sac	明年
nyinc lenc	后年

续表

侗语	普通话
xic unv	从前
xeenh naih	现在
dah lenc	以后
haip naih	刚才

四、数量 Sul liangl

侗语	普通话
il	一
yac	二
sanp	三
siv	四
ngox	五
liogc	六
sedl	七
beds	八
jus	九
xebc/xis	十
xis nyih	十二
nyih xis	二十
begs	百
sinp	千
wanh	万
nenl	个

续表

侗语	普通话
loc	头，只
yuc	条
lenp	粒
weix	棵
wens	本
weix	件
youh	双
was	把
waol	包

五、处所、用品 Dih wangp、wok yongh

侗语	普通话
oc yop	学校
oc jeenv	商店
yis yuanl	医院
yanc	家
eenl	房间
maoc sip	厕所
dol	门
geec sis	窗
daic	桌子
dangv	凳子
kidt	锅

续表

侗语	普通话
duix	碗
xoh	筷子
jaoc gens	调羹
oux	饭
mal	菜
nanx	肉
kuaot	酒
yuc	油
baoc	盐
dangc	糖
geiv	蛋
deenl	刀
hongk	桶
benc	盆
doiv	床
yangh	被子
dus	衣服
uk	裤子
went	裙子
haip	鞋子
wac	袜子
yoc xip	钥匙
deih	包包

续表

侗语	普通话
soux jis	手机
sinc	钱
xap	车

六、动植物 Doc xingp、meix

侗语	普通话
muk	猪
doc	牛
liees	羊
aiv	鸡
meeux	猫
kuap	狗
bedl	鸭
nganh	鹅
max	马
nuic	虫
dal	鱼
nyoc	鸟
suic	蛇
memx	老虎
laiv	野猪
leil	猴子
not	老鼠

续表

侗语	普通话
al eenv	燕子
yeel	青蛙
nyongx	蚊子
madt	蚂蚁
wap	花
nyangt	草
meix	树，木
gunl	竹子
bav	叶
nenl	果
sangp	根

七、天文、地理 Ul menl、dees dih

侗语	普通话
menl	天
dih	地
guas	云
munc	雾
lemc	风
nuil	雪
mienl	雨
bias	雷
xangp	太阳

续表

侗语	普通话
mianl	月亮
xedv	星星
jenc/das	山
jenl	石
ens	土
benp	尘
nemx	水
wil	火
nyal	河
kenp	路

八、人体词 Ul yenp

侗语	普通话
enc	人
ul yenp	身体
gaos	头
bieml	头发
dal	眼睛
nangl	鼻子
muv	嘴
gap	耳朵
bieenl	牙齿
mac	舌头

续表

侗语	普通话
oc	脖子
bav lap	肩膀
ems	背
yeeul	腰
miac	手
dus	肚子
dinl	脚
semp	心，肝
semp douc	胸
sais	肠
sadt	血
las	骨
ongl eex	屁股
bal	大腿
mungx gaov	膝盖
nyeenv miac	指甲

九、亲属、称呼 Senp nyenc

侗语	普通话
ongs	爷爷
nais	奶奶
bux/jas	爸爸
neix/mas	妈妈

续表

侗语	普通话
jaix/gos	哥哥
eis/xeex	姐姐
nongx	弟（妹）
lax	儿子
laox liees	女儿
lax tanp	孙子
liat	妻子（媳妇）
juc	舅舅
laox wanl	男人
neix sax	妇女
enc leic	大人
lax uns	小孩
laox liees	姑娘
lax idx	后生
enc laox	父母
senp nyinc	亲戚
biingc banx	朋友
mungs	官
suk	教师
weex ongl	农民
lax yop	学生

十、颜色词、形容词 Yeenc sec、xingc rongc cic

侗语	普通话
yak	红

续表

侗语	普通话
mant	黄
siup	绿
bax	白
neml	黑
bap	灰
lail	好
waih	坏
leic	大
niv	小
guangx	多
nyunt	少
pangp	高
temk	矮
biic	胖
yeml	瘦
meik	新
aov	旧
yaih	长
bouv	短
gail	远
pieik	近
liak	冷
dunl	热
wav	脏
seenp	干净

十一、地方特色名物词 Dih wangp teec seec mingc wul cic

侗语	普通话
geml	侗族
xaih geml	侗寨
al geml	侗歌
jiuc wap	风雨桥
beengc louc	鼓楼
oux jos	糯米
siic oux	糍粑
kuaot panp	甜酒
xeec	油茶
dox wuk oux	灰碱粑
maot	炸糯米（放油茶里）
eex bieex	牛瘪
dal wedv	腌鱼
nanx semt	腌肉
dal xids	烧鱼
nanx yeenl	腊肉
mal semt	酸菜
lianh semt	酸辣
nyinc	银
jal	布
jah	草鞋

侗文与国际音标对照表

SIIH GEML DONGC GOC JIL YINS BIAOS DOIV XEEUV BIAOX

字母表

A	B	C	D	E	F	G
H	I	J	K	L	M	N
O	P	Q	R	S	T	
U	V	W	X	Y	Z	

声母表

侗文	b	p	m	f*	w	d	t	n	s	l
音标	p	ph	m	f	w	t	th	n	s	l
侗文	j	q	ny	x	y	g	k	ng	h	
音标	ȶ	ȶ^h	ȵ	ɕ	j	k	k^h	ŋ	h	
侗文	bi	pi	mi	li	gu	ku	ngu	z*	c*	
音标	pj	phj	mj	lj	kw	khw	ŋw	ts	ts^h	

说明：有*号的只用于汉语借词。

韵母表

侗文	a	ai	ao	am	an	ang	ab	ad	ag			
音标	a	ai	au	am	an	aŋ	ap	ɐp	at	ɐt	ak	ɐk
侗文	ae	aem	aen	aeng								
音标	ɐ	ɐm	ɐm	ɐŋ								
侗文	ee	eeu	eem	een	eeng	eb	ed	eg				
音标	e	eu	em	en	eŋ	ep	əp	et	ət	ek	ək	
侗文	e	ei	em	en	eng							
音标	ə	əi	əm	ən	əŋ							
侗文	i	ii	iu	im	in	ing	ib	id	ig			
音标	ɪ	i	ɪu	ɪm	ɪn	ɪŋ	ɪp	ɪt	ɪŋ			
侗文	o	oi	ou	om	on	ong	ob	od	og			
音标	o	oi	əu	om	on	oŋ	op	ot	ok			
侗文	u	ui	um	un	ung	ub	ud	ug				
音标	u	ui	um	un	uŋ	up	ut	uk				

说明：北部侗语-g韵尾一般不发音。南部侗语一般要发音。

声调符号

调号	l	p	c	s	t	x	v	k	h
调值	55	35	22	33	13	31	53	453	44
例字	bal	bap	bac	nas	biat	bax	bav	yak	bah
	腿	灰	耙	脸	翻	蝗虫	叶	红	糠
例字	bedl	sedp	medc	beds	padt	bagx			
	鸭	七	蚁	八	血	白			

说明：调号字母写音节后面。第1行例字是舒声调，第2行例字是促声调。

侗语常用地名
SUNGP GEML CANGC YONGH DIL MINGC

一、省名 Sengx mingc

侗语	普通话
Guiv xul	贵州
Fuc nanc	湖南
Guangx xis	广西
Fuc beec	湖北

二、县名 Yeenk mingc

侗语	普通话
Qeenp xuih	天柱
Xenp jangl	剑河
Xaih wangc	锦屏
Sans feil	三穗
Zenl yuanx	镇远
Ngox guaix	黎平
Biingc meik	从江
Ul xul	榕江
Yuil pingc	玉屏
Tongs daol	通道

续表

侗语	普通话
Jenl xeenl	靖县
Zix jangs	芷江
Feil tongc	会同
Xens fangl	新晃
Liongc sengl	龙胜
Samp nyal	三江
Xons weis	宣威
Ngens sis	恩施

三、乡、寨 Senl、xaih

侗语	普通话
Xangc hanv	石洞
Oc bangl	邦洞
Oc yuv	注溪
Banv senl	磻溪
Geml nemx	敏洞
Oc namv	南明
Sees wangh	小广
Yak ngouc	化敖
Biingc jenc	平岑
Xaih mungs	启蒙
Geml nyinh	彦洞
Xangc siul	平秋
Dih menc	地门

续表

侗语	普通话
Gaos lial	高坝
Suv	秀洞
Baov jens	报京
Wos	车江
Sangl lus	章鲁
Samp baos	三宝
Saok	肇兴
Songl	增冲
Maoc	茅贡
Janl	占里
Siis wangc	小黄
Gaos senl	高增
Liongc duc	龙图
Jaos yuix	芋头
Wangc tut	皇都
Senl guanl	惯洞
Biingc danx	坪坦
Dih jingv	中寨
Dugx	独峒
Geml xah	谢寨
Oc xangp	香洞
Dees dongh	洞脚
Xogl	团头

侗族民歌

恋歌

AL GEML AL LIANGP

丁定松　汤昌奎 词曲　　龙姣梅　汤昌奎 演唱

侗音： 岑阳嘛花教的意情千笨鸟

侗文： **jenc yangc miac wap jaol lis yiv xenc zeenp bens nyaoh.**

释词： 岑　阳　栽　花　咱 的 意　情　千　日　在

意译： 岑阳栽花我两情义千日在

汉译： 当初栽花我俩意情千般好

侗音： 送腊蕊嫩伴系相修尧相叫

侗文： **songk lal luih naemx banx xiv xangs xeeuc yaoc xangs jaol.**

释词： 放　船 下　江　伴 是　把　舵　我　牵　索

意译： 同船下江你把舵来我牵索

汉译： 同船过江我牵绳来你掌梢

侗音： 押为前程笨拜美良多在猫

侗文： **nyac wih xeenc senc benv bail meix liangp dos sais maoh.**

释词： 你　为　前　程　丢　去　个　恋　放 肠　他

意译： 你为前程丢下情义把他恋

汉译： 长亭一别鸿雁传书日渐少

侗音：押乌京城别忘贵州还麦尧

侗文：**nyac nyaoh jens xenc beex lamc guiv xul hanp meec yaoc.**

释词：你 在 京 城 别 忘 贵 州 还 有 我

意译：你在京城别忘贵州还有我

汉译：周郎挂帅别忘江东有小乔

侗音：岑阳嘛花教的意情千本乌

侗文：**jenc yangc miac wap jaol lis yiv xenc zeenp benl nyaoh.**

释词：岑 阳 栽 花 我 的 意 情 千 日 在

意译：岑阳栽花我的情义千日在

汉译：当初栽花我俩意情千般好

侗音：随腊蕊恁高腊恰嘛再浪抛

侗文：**suiv lal luih naemx gaoc lal qat miac saiv langh paop.**

释词：坐 船 下 江 头 船 牵 手 让 浪 抛

意译：坐船下江船头牵手凭浪抛

汉译：清江放排心手相牵随浪抛

侗音：几桑几宋爱努麦缘同全老

侗文：**jis sangc jis songl eiv nouc meec yueenc dongc xetc laox.**

释词：几 思 几 想 爱 谁 有 缘 同 登 老

意译：几思几想都爱有缘同到老

汉译：沧海桑田痴心不改同到老

侗音：几跑几行押又领尧一光桃

侗文：**jil baoc jil sengc nyac yuh lingv yaoc yiuc guangs daoc.**

释词：几 跑 几 跟 你 又 哄 我 一 杆 茅

意译：几跑几跟你却哄我一根茅（意思是像茅草一样轻）

汉译：生死相恋青山作证在今朝

（汉译：龙先金、汤昌奎　　记音、释词、意译：彭婧）

侗语水平测试题

GEML SUIX PINGC CEEC SIL TIC

侗语水平测试题（初级）

一、词汇翻译

霜	前年	竹子	玉米	田埂
瓦	蝴蝶	鸡蛋	钥匙	草鞋

二、句子翻译

1. 树上有3只鸟。
2. 别带妹妹去河边玩。
3. 一年比一年好。
4. 明天去不去赶集？
5. 奶奶今年90了。

三、短文翻译

我家门前有条小河，河水很干净，可以看到里面的小鱼，我经常和妹妹去河里游泳。

侗语水平测试题（中级）

一、词汇翻译

雾	去年	老虎	糯米	腌鱼
窗	蚊子	母鸡	楼梯	木桶
露水	洪水	凳子	簸箕	正月
中间	稀饭	出嫁	歌师	棉衣

二、句子翻译

1. 姐在河边洗衣服。
2. 哥哥瘦，弟弟胖。
3. 我今年20岁。
4. 你是哪里的人？
5. 我比你大3岁。
6. 昨晚下了一晚的雪。
7. 这腊肉炒得真好吃。
8. 他是一个好人。
9. 奶奶会唱侗歌。
10. 我爸爸是侗族，妈妈是苗族。

三、短文翻译

我爷爷今年73岁了，他的身体很健康，天天都还能下地干活，上山养牛，我们都很开心。爷爷喜欢唱侗歌，有空的时候都会教我们唱侗歌。

侗语水平测试题（高级）

一、选择题

1. 侗语属于（　　）语系，侗台语族，侗水语支语言。

A. 汉藏　　B. 南岛　　C. 南亚　　D. 印欧

2. （　　）年12月31日，侗文经中央民委批准正式试验推行。

A. 1957　　B. 1956　　C. 1958　　D. 1959

3. 下面属于侗语南部方言的是（　　）。

A. 石洞　　B. 通道　　C. 肇兴　　D. 小广

4. 侗语是以（　　）语音为标准音。

A. 黎平肇兴　　B. 从江小黄

C. 榕江章鲁　　D. 天柱石洞

5. 下列选项词汇不为反义词的一组是（　　）。

A. leic-niv　　B. weik-meenh

C. nyunt-guangx　　D. laox-mas

6. 下列属于方位词的是（　　）。

A. bax　　B. nongx　　C. ngox　　D. dax xonv

7. “dids”是侗族独有的（　　）。

A. 农具　　B. 工具　　C. 炊具　　D. 乐器

8. “jus wedx”的意思是（　　）。

A. 五月　　B. 十月　　C. 九月　　D. 六月

9. “nangl”是指身体部位中的（　　）。

A. 嘴巴　　B. 鼻子　　C. 耳朵　　D. 眼睛

10. “我”的书面语应该是（　　）。

A. yaoc　　B. nyac　　C. maoh　　D. jaol

11. 下列不是动物的一项是（　　）。

A. not　　B. doc　　C. laiv　　D. duil

12. 下列选项中量词使用有误的一项是（　　）。

A. il yuc　　B. yac doc　　C. ngox bul　　D. jus loc

二、填空题

1. 侗族人口以______、______、______、______四个县最为集中。
2. 侗语分为______两大方言，其中，南部方言分为______个土语，北部方言______个土语。
3. 侗文经历了“两起两落”发展历程，大致可分为______、______、______、______四个阶段。
4. 1957年9月，在______召开侗族语言文字科学讨论会预备会。
5. 侗语方言语音划分的三个标准：______、______、______。

三、翻译题

（一）用汉语翻译下列句子。

1. Nyac yanc meec yeenp bul nyenc?

2. Maoh meec il ids gaos.

3. Jaol xiv geml，maoh xiv miiul.

4. Yaoc nyinc naih xis liogc.

5. Maoh lis dus xiv yak lis.

6. Maoh yac bul xiv yaoc enc laox.

（二）将下列句子翻译成侗文。

1. 家里米没有了。

2. 糯米饭香了整个寨子。

3. 他爬上树去摘杨梅。

4. 学校远不远？

5. 我没有坐过飞机。

6. 这个地方很漂亮。

四、写作题

请用侗文写一篇介绍自己家乡的小作文，字数100字左右。

侗语水平测试题参考答案
GEML SUIX PINGC CEEC SIL TIC CANS KAOX DAC NGANL

侗语水平测试题（初级）

一、词汇翻译

meel	nyinc unv	gunl	baol buc	jeenl yav
ngeex	doc deeux	geiv aiv	yoc xip	jah

二、句子翻译

1. Ul meix meec samp doc mogc.
2. Beex daiv nongx bail eenl nyal yeeuc.
3. Il linc biix il linc lail.
4. Benl mos bail gueec bail ans xangc?
5. Nais nyinc naih jus xis linc genp.

三、短文翻译

Yaoc yanc nal dol meec yuc nyal niv, nyal lis nemx seenp lail xiv, lis nuv aox nyal lis dal niv niv, yaoc xengc benl dongc nongx bail oc nyal wic nemx.

侗语水平测试题（中级）

一、词汇翻译

munc	nyinc weel	memx	oux jos	dal wadl
geec sis	nyungx	weix aiv	guees	wongk meix
nemx semc	nemx laox	dangv	longc	xingl wedx
dangl dav	oux lanh	eev	sangc al	dus miinc

二、句子翻译

1. Eis nyaoh eenl nyal sav dus.
2. Jaix yeml, nongx biic.
3. Yaoc nyinc naih nyih xis linc.
4. Nyac xiv oup lis enc?
5. Yaoc biix nyac leic samp nyinc.
6. Nyiv nyungl dov il yemk lis nuil.
7. Nanx yeenl naih xeeut lis lail jil.
8. Maoh xiv il wul enc lail.
9. Nais wox xangk al geml.
10. Yaoc bux geml, neix miiul.

三、短文翻译

Yaoc ongs nyinc naih sedl xis lanp, maoh ngenh jeenh. Benl benl luh luih dih weex ongl, jak das sangx doc, jaol loux wanp nyit xiv. Ongs eiv xangk al geml, xic yuv meec ongk xuh eeuv jaol xangk al geml.

侗语水平测试题（高级）

一、词汇翻译

1. A　2. C　3. C　4. C　5. D　6. D

7. A　8. C　9. B　10. A　11. D　12. D

二、填空题

1. 黎平、天柱、新晃、三江
2. 南北、四、五
3. 初步试行阶段、停滞阶段、恢复发展阶段、调整阶段
4. 贵阳
5. 元音是否分长短、韵尾-k的存留情况、数词和量词是否有条件的音变

三、翻译题

1. 你家有几个人？
2. 他头有点疼。
3. 我是侗族，他是苗族。
4. 我今年16岁。
5. 她的衣服是红色的。
6. 他们俩是我的父母。

1. Oc yanc gueec lis oux genp.
2. Oux jos dangl genx nenl xaih.
3. Maoh jak meix bail aol yangc mic.
4. Oc yop jail gueec jail?

5. Yaoc gueec lis suiv dah feis jis.
6. Nenl dih wangp naih lail.

四、写作题

Yaoc xaih

Yaoc xiv xenp jangl seet wangc lis. Jaol xaih xiv xenp jangl suil leic lis xaih geml. Meec siiv sinp dah enc. Jaol xaih enc laox eiv xangk al、xangk yiv, yic douk dah jic、dah nyinc naov leec xiv. Jaol xaih meec yeenp guangx meix laox、haip meec il lenp jiuc wap, il yuc nyal dah aox xaih baic siis xiv. Gas nyac lis ongk map jaol xaih yeeuc!